CHATEAUBRIAND
ET SON GROUPE LITTÉRAIRE
SOUS L'EMPIRE

CHATEAUBRIAND EN 1811.

Portrait par Girodet-Trioson (1767-1824).

CLASSIQUES LAROUSSE

Collection fondée par
FÉLIX GUIRAND
Dirigée par
LÉON LEJEALLE,
Agrégé des Lettres

SAINTE-BEUVE

CHATEAUBRIAND
ET SON GROUPE LITTÉRAIRE
SOUS L'EMPIRE

(EXTRAITS)

avec une Notice biographique,
une Notice historique et littéraire,
des Notes explicatives, des Jugements,
un Questionnaire et des Sujets de devoirs,
par
BERNARD LALANDE
Agrégé des Lettres
Professeur au Lycée Claude-Bernard

LIBRAIRIE LAROUSSE — PARIS-VIᵉ

13 à 21, rue Montparnasse, et boulevard Raspail, 114
Succursale : 58, rue des Écoles (Sorbonne)

RÉSUMÉ CHRONOLOGIQUE DE LA VIE DE SAINTE-BEUVE
(1804-1869)

1804 (23 décembre). — Naissance, à Boulogne-sur-Mer, de Charles-Augustin Sainte-Beuve.

1817. — Études à la pension Blériot, à Boulogne-sur-Mer.

1818-1822. — Sainte-Beuve vient à Paris; élève du lycée Charlemagne, puis du collège Bourbon (lycée Condorcet).

1823. — Il suit quelque temps les cours de l'École de médecine, puis donne des articles de philosophie et de critique au *Globe*.

1827. — Il entre en relation avec Victor Hugo, à la suite d'un article sur les *Odes*, et fait partie du Cénacle.

1828. — *Tableau historique et critique de la poésie française et du théâtre français au XVI⁰ siècle, suivi des œuvres choisies de Pierre de Ronsard.*

1829. — *Vie, poésies et pensées de Joseph Delorme.* Sainte-Beuve commence *Arthur.*

1830. — *Les Consolations*, poésies.

1832. — *Critiques et Portraits littéraires*, 1 volume.

1834 (avril). — Rupture entre Hugo et Sainte-Beuve.

1834 (19 juillet). — *Volupté*, roman, 2 vol., chez Renduel, sans nom d'auteur.

1836-1839. — *Critiques et Portraits littéraires*, 5 volumes.

1837. — *Pensées d'août*, poésies.

1837 (Octobre)-1838 (juin). — Séjour à Lausanne (cours sur *Port-Royal*).

1840. — Nommé conservateur de la bibliothèque Mazarine. Démissionne en 1848.

1840-1859. — Publication de *Port-Royal*.

1843. — *Livre d'amour*, poésies.

1844. — *Portraits de femme.*

— — Il est élu à l'Académie française.

— — *Portraits littéraires* (plusieurs éditions).

1846. — *Portraits contemporains.*

1848-1849. — Séjour à Liège : cours sur *Chateaubriand et son groupe littéraire sous l'Empire.*

1849-1862. — *Causeries du lundi.*

1855. — Nommé à la chaire de poésie latine au Collège de France : cours suspendu après la deuxième leçon.

1857. — Nommé maître de conférences à l'École normale, où il professe quatre années.

1861. — Publication de *Chateaubriand et son groupe littéraire sous l'Empire.*

1863-1870. — *Nouveaux Lundis*, 13 volumes.

1865. — Il entre au Sénat, où il défend les idées libérales.

1869 (13 octobre). — Mort de Sainte-Beuve à Paris.

1874-1875. — *Premiers Lundis*, 3 volumes.

1876. — *Les Cahiers de Sainte-Beuve.*

1877-1880. — Correspondance.

1926. — *Mes Poisons, cahiers intimes inédits.*

Sainte-Beuve avait trente-six ans de moins que Chateaubriand ; vingt et un ans de moins que Stendhal ; dix-huit ans de moins que Lamennais ; quatorze ans de moins que Lamartine ; sept ans de moins que Vigny ; six ans de moins que Michelet ; cinq ans de moins que Balzac ; deux ans de moins que Hugo ; un an de moins que Mérimée. Il était contemporain de George Sand.

Il avait six ans de plus que Musset ; sept ans de plus que Th. Gautier ; dix-sept ans de plus que Flaubert et Baudelaire ; dix-neuf ans de plus que Renan ; vingt-quatre ans de plus que Taine.

CHATEAUBRIAND
ET SON GROUPE LITTÉRAIRE SOUS L'EMPIRE

NOTICE

Ce qui se passait pendant l'année scolaire 1848-1849. —
ÉVÉNEMENTS POLITIQUES. En France : *L'orléaniste Dufaure devient
ministre de l'Intérieur (octobre 1848). Louis-Napoléon Bonaparte
est élu président de la République (Lamartine obtient 17 000 voix).
Dissolution de la solidarité républicaine de Ledru-Rollin (10 décembre).
Election de l'Assemblée législative (triomphe de la droite, remontée
des socialistes, écrasement des républicains) [mai 1849]. Manifesta-
tion organisée par Ledru-Rollin, suivie de répression. Fuite de Considérant, de Piat et de Ledru-Rollin (13 juin). Loi sur les clubs, qui
supprime la liberté d'association (19 juin).* — En Europe : *Assassinat de Rossi, Premier ministre de Pie IX (15 novembre 1848). Fuite
de Pie IX (24 novembre). Proclamation de la république romaine
(9 février 1849). Proclamation de la république toscane (18 février).
Arrivée à Rome de Mazzini (6 mars). Bataille de Novare et abdication de Charles-Albert (23 mars). Les Autrichiens entrent à Florence
(25 mars). La Sicile est vaincue (mai). Reddition de Rome (1er juillet).*
ÉVÉNEMENTS ARTISTIQUES ET LITTÉRAIRES. *Chateaubriand :*
Mémoires d'outre-tombe *(en feuilleton dans la Presse à partir
d'octobre). On réédite ses autres œuvres. Lamartine :* les Confidences, Raphaël; *de plus, il fait paraître tous les mois le Conseiller
du peuple. Désiré Nisard :* Histoire de la littérature française.
Philarète Chasles : Études sur le XVIe siècle en France. *A. Vinet :*
Études sur la littérature française au XIXe siècle. *Michelet :* Histoire
de la Révolution française. *Henri Martin :* la Monarchie au
XVIIe siècle. *Taschereau publie les* Archives du dernier gouverne-
ment. *Parmi les romans, il n'y a de notable que la production courante
d'Alexandre Dumas père et d'Eugène Sue. On continue à traduire
Walter Scott. A la Comédie-Française :* le Chandelier, *d'Alfred de
Musset. A l'Opéra :* Haydée, *de Scribe et Auber,* le Prophète, *de
Scribe et Meyerbeer. On joue des pièces de Labiche un peu partout.
La traduction de Shakespeare continue.*

Composition du présent volume d'extraits. — Les deux volumes
intitulés *Chateaubriand et son groupe littéraire sous l'Empire* com-
prennent d'abord un cours public que prononça Sainte-Beuve
pendant l'année scolaire 1848-1849 à l'université de Liège. L'étude
sur Chateaubriand n'est que le début d'une vaste histoire des

lettres de 1800 à 1848. Mais, tandis que Sainte-Beuve achevait en un an le cours réservé aux étudiants et qui avait pour objet la littérature française de Villehardouin à la fin du xviiie siècle, il avait l'intention de parcourir en plusieurs années la première moitié du xixe siècle, s'il avait pu se fixer en Belgique. Quoi qu'il en soit, le cours réservé aux étudiants n'a fourni que quelques pages disséminées dans les *Causeries du lundi*, alors que Chateaubriand a donné matière à un ouvrage séparé. Au cours de Liège, Sainte-Beuve a joint deux études assez longues, l'une sur Chênedollé, l'autre sur Guéneau de Mussy; suivent quelques pages d'anecdotes et de pensées sur Chateaubriand; enfin, des fragments de mémoires inédits, qui sont ceux d'Hortense Allart. Signalons enfin que les nombreuses notes que Sainte-Beuve a ajoutées lors de la publication en volumes reproduisent, en les adoucissant, les réflexions qu'il avait mises en marge de son exemplaire des *Mémoires d'outre-tombe*. Nous avons complété un choix fait à travers ces deux volumes par des extraits des quatre articles qu'on trouve dans les *Causeries du lundi*, et qui forment, Sainte-Beuve le dit lui-même, la conclusion du cours de Liège. Nous avons recueilli également ici quelques passages sur Chateaubriand tirés des *Portraits littéraires*, afin que le lecteur puisse entrevoir l'ensemble des jugements de Sainte-Beuve sur l'auteur de *René*.

Circonstances où fut écrit l'ouvrage. Conséquences. — *Chateaubriand et son groupe littéraire* fut publié en 1861. Cependant, comme le texte que nous lisons est en général une simple rédaction, qui semble peu élaborée, des notes sur lesquelles Sainte-Beuve avait parlé à Liège, c'est en 1848 qu'il faut replacer l'ouvrage.

On ne peut guère déceler l'influence de l'auditoire belge sur le cours qui lui était destiné, comme il est possible de flairer dans les premières rédactions de *Port-Royal* une odeur de renfermé due à l'air un peu confiné du Lausanne de 1840.

Sainte-Beuve, à Liège, est alors un émigré, peut-être le seul. Il était par certains côtés un gros chat ami de la tranquillité au coin du feu; quand la marmite est renversée, il émigre. Une première fois, en 1831, il avait failli devenir professeur à Liège pour fuir le ménage Hugo; en 1837, il va en Suisse pour fuir le trouble de sa conscience; en 1848, il va en Belgique pour fuir les troubles de l'État. Car rien ne le forçait à partir. Depuis 1840, il était conservateur de la bibliothèque Mazarine; or, il démissionne parce que le nouveau gouvernement pourrait l'accuser d'avoir touché des fonds secrets de Louis-Philippe. Accusation risible : son nom figurait, inexplicablement, sur une liste en face d'une somme de cent francs. Et qui donc pouvait croire que Sainte-Beuve se fût vendu pour cinq louis? Cette démission était si peu pressante qu'il la retint plusieurs mois, tant qu'il n'eut pas conclu avec l'université de Liège. Mais le régime de la France était bien instable. Partout dans *Chateaubriand et son groupe littéraire* on trouve l'horreur des révolutions et aussi l'horreur des hommes de lettres qui se mêlent des affaires publiques, car Sainte-Beuve considère Lamartine comme un des principaux fauteurs de la révolution de 1848. Cela explique en partie pourquoi il se borne à étudier Chateaubriand *sous l'Empire*, c'est-à-dire avant qu'il devienne un homme politique.

Il est certain que, sans son exil volontaire, Sainte-Beuve n'aurait rien dit de « René » à cette date. Certes, le sujet est d'actualité : Chateaubriand vient de mourir le 4 juillet, la publication des *Mémoires d'outre-tombe* commence en octobre, quelques jours avant l'ouverture du cours de Liège. Mais Sainte-Beuve ne pouvait s'exprimer librement en France : Mme Récamier ne mourra que le 11 mai 1849; de son vivant, Sainte-Beuve était lié par la « chaîne d'or » qu'elle avait su lui imposer vingt ans auparavant. En revanche, en Belgique, et oralement, il pouvait faire passer bien des choses.

Peut-être même, sans ces circonstances, ne pourrions-nous pas lire deux volumes entiers consacrés à Chateaubriand par Sainte-Beuve. Il faut, en effet, noter que l'auteur de *Port-Royal* n'a publié aucune étude critique de quelque ampleur (sauf le *Tableau de la poésie française au XVIe siècle*) qui n'ait d'abord été professée dans une chaire. Sans le cours de Liège, Chateaubriand serait probablement dispersé, dilué, si l'on peut dire, dans quarante volumes d'articles et n'occuperait pas, dans l'œuvre de Sainte-Beuve, la place éminente qu'il occupe dans sa pensée.

Le critique et le génie. — Nous aimerions mieux avoir deux volumes sur Victor Hugo par Sainte-Beuve que notre *Chateaubriand et son groupe littéraire*. La vie de Sainte-Beuve se confond avec une longue méditation sur les rapports entre le poète de génie et le critique. C'est pour lui le problème essentiel : pas plus que Taine, il ne croit que la critique soit un genre qui se suffit à lui-même; mais loin de se résigner en disant : « Nous sommes des chenilles attachées sur de beaux arbres », il a vécu dans la crainte que le critique ne soit un simple parasite littéraire. Il a d'ailleurs été le compagnon des Romantiques; il sait comment se fait la création poétique. Il pense que le seul vrai rôle fécond du critique, c'est d'intervenir avant l'achèvement de l'œuvre, de conseiller, d'infléchir, de contenir l'éclat du génie dans les limites du bon goût. Mais il est incapable, et c'est une de ses vertus, de poser et de résoudre un problème en termes abstraits : sa pensée s'organise par référence à Lamennais, aux solitaires de Port-Royal, à lui-même. Par exemple, au lieu de méditer sur la critique idéale, il propose sa pensée en inventant, de complicité avec Boileau lui-même, un Boileau Mentor des grands classiques. Or, il a été le critique attaché à Hugo dans les années de combat et il sait qu'il n'a pas été sans influence sur le poète des *Voix intérieures*. Pour qui étudie Sainte-Beuve, rien ne remplace le livre qu'il n'a pas écrit sur l'auteur d'*Hernani*. Mais on comprend qu'après sa liaison avec Mme Hugo, Sainte-Beuve ne pouvait parler ni en bien ni en mal du mari sans faire figure de pied-plat.

Avec Victor Hugo, c'était Chateaubriand l'écrivain contemporain le plus approchant du génie aux yeux de Sainte-Beuve. On est étonné de la masse de documents intimes et de lettres qu'il a sous les yeux trois mois après la mort de Chateaubriand. C'est qu'il n'en parle pas à l'improviste. En lisant les *Portraits littéraires*, on s'aperçoit qu'avant 1840 il pensait déjà à une étude sur Chateaubriand et son milieu. Comme les contemporains l'ont fait maligne- ment observer, et malgré ses dénégations indignées, Sainte-Beuve se tourne vers Chateaubriand au moment où il a rompu avec Hugo ; son enquête pour l'ouvrage qui nous occupe commence dès 1834 : il a été reçu à l'Abbaye-aux-Bois, il y a vu Chateaubriand, il a noté des conversations, il a recueilli des témoignages oraux, il a copié des lettres et des pages d'album, il s'est lié avec Hortense Allart, en qui il voyait sans doute, plutôt qu'une femme aimable, une ancienne maîtresse de Chateaubriand. Sainte-Beuve n'a pas pris un sujet de cours au hasard, celui-là lui tenait à cœur.

L'âge d'or de la critique. — D'ailleurs, Chateaubriand présente des avantages. Il a été le premier en France à explorer les terres vierges du romantisme, vingt-cinq ans avant Hugo, et le gentil- homme breton a plus d'élégance qu'un pair de la monarchie de Juillet. Enfin, Chateaubriand a commencé à écrire dans un temps où, selon Sainte-Beuve, fleurissait la critique. Le Consulat et même les débuts de l'Empire sont, dans son idée, la belle époque : c'est l'époque légendaire et merveilleuse de la jeunesse de ses parents, l'époque qu'il a entendu vanter à ses oreilles d'enfant. Il suffit de lire la description de Paris sous le Consulat dans *Volupté* pour s'en convaincre, ou de voir comme il parle du « temps de la jeunesse de M. Villemain ». C'est l'âge d'or de la république des lettres. Lui qui a fait partie des étincelants cénacles de la Restauration, il a rêvé toute sa vie de Mme de Staël rue du Bac ou à Coppet, de la maison de Mme Helvétius à Auteuil et du petit salon de Pauline de Beaumont. Il y avait alors, et pour la dernière fois, pense Sainte-Beuve, un milieu de bonne compagnie et de solide culture où furent élaborés presque en commun les ouvrages, non pas parfaits, mais inégalés, de Chateaubriand et de Mme de Staël. De 1802 à 1814 s'est réalisé le fragile équilibre dans les échanges entre le génie (dans la mesure où Chateaubriand avait du génie, et tout compte fait il en avait) et la critique, celle-ci représentée par ses amis Fon- tanes et Joubert. L'œuvre littéraire échappe ainsi aux humaines imperfections de celui qui la signe, elle échappe à tout accident individuel, elle atteint quasi la perfection. Telle page des *Martyrs* est absolument belle parce que Chateaubriand l'a refaite jusqu'à ce qu'elle fût approuvée de tous les amis de Mme de Beaumont. Sainte-Beuve est l'inventeur d'une sorte de sociologie de la république des lettres : la littérature; le pays littéraire prend une réalité étrangère aux gens de lettres qui la composent, réalité par là-même bien consolante.

La comédie des gens de lettres. — Mais Sainte-Beuve est tout aussitôt déçu par ce rêve. Cette république des lettres est établie sur des tréteaux où les gens de lettres donnent en fait la comédie. Sous l'Ancien Régime, lorsque l'œuvre littéraire n'avait en principe d'autre public que le milieu qui lui avait donné naissance, peut-être ne trompait-elle personne; mais Sainte-Beuve n'a pas de témoignage direct sur ces heureux temps révolus. En tout cas, au début du XIXe siècle, les milieux littéraires qui se sont reconstitués, aussi vigoureux qu'avant la Révolution, produisent des œuvres qui s'adressent maintenant à un grand public. Certes, on n'en est pas encore au battage sur les carrefours comme sous la deuxième République, mais, dès le Consulat, l'épopée et le roman deviennent des œuvres de l'art au pire sens du mot : on cherche à produire un effet concerté de beauté ou de grandeur sur un spectateur placé en contrebas. Sainte-Beuve découvre avec malignité sûrement, mais aussi avec désillusion, que pour la galerie on imprime un éloge magnifique de Pétrarque à Vaucluse, tandis qu'entre soi on s'écrit que Laure était une fâcheuse bégueule; on échange à haute voix des compliments pompeux : « vase d'airain, talent d'or », pour se traiter en aparté de dadais et de bossu simiesque. Et cette duplicité n'est pas propre à Chateaubriand : Mme de Staël, Benjamin Constant, font de même. Tout cela est hypocrisie au sens étymologique du mot.

L'importance que Sainte-Beuve accorde à l'*Essai sur les révolutions* est une conséquence de l'attention qu'il porte à cette hypocrisie littéraire : la seule œuvre d'un écrivain qui soit vraie est la première, celle qu'il a écrite avant d'être engagé dans la troupe du théâtre des lettres. Après quoi, il deviendra un grand artiste, c'est-à-dire un grand comédien ou un grand menteur. En mettant le nez dans ce fameux exemplaire de l'*Essai*, tout couvert d'annotations intimes, Sainte-Beuve a eu la conviction qu'il tenait Chateaubriand, un Chateaubriand qui n'a pas encore à jouer les rôles écrasants et contraires d'auteur du *Génie du christianisme* et d'auteur de *René*.

Dissentiment politique. — Avant de juger Sainte-Beuve juge de Chateaubriand, il faut dire que les deux hommes ne sont pas du même bord.

Sainte-Beuve s'était promis de ne pas entreprendre la discussion

des idées politiques de Chateaubriand. Mais il n'a pu se dé-
fendre d'y faire des allusions. Lorsqu'il s'en est aperçu, il a jugé
qu'il était plus loyal de déclarer ouvertement son hostilité; les
dernières pages de *Chateaubriand et son groupe littéraire* ainsi
qu'un article des *Causeries* traitent de ce point. On sait que Chateaubriand est un de ceux qui ont tracé la ligne politique du parti
légitimiste à travers le monde issu de la Révolution et de l'Empire.
Or, Sainte-Beuve, bien qu'il ait sur le monde le point de vue d'un
pauvre et bien qu'il ait été fort tiède pour Louis-Philippe, penche
dans les années qui nous intéressent pour les principes chers à la
grande et à la moyenne bourgeoisie brumairienne et orléaniste :
Rœderer, Sieyès, voilà des hommes; le Consulat, le ministère
Decazes, voilà des gouvernements. C'est que Sainte-Beuve est
fidèle aux libéraux qui se réclament de la Déclaration des Droits.
Il ne comprend rien à la conduite politique du « vicomte » : si le
modèle des hommes d'État est Talleyrand, l'honnête, le fier Chateaubriand sera entêté, orgueilleux et obtus; si les intérêts de la
patrie sont ceux de la banque et des conseils d'administration, le
dédain de Chateaubriand pour le monde des affaires sera trahison
et démagogie. En fin de compte, Sainte-Beuve l'a dit lui-même
quelque part, les bleus sont bleus et les blancs sont blancs. On
peut se demander si cette opposition politique n'explique pas une
bonne part de l'animosité du critique contre son auteur.

La sévérité de Sainte-Beuve. — Cependant le critique a fait
effort pour oublier la politique. On a dit que le jugement de
Sainte-Beuve est féroce. Malgré toutes sortes de repentirs, il
nous laisse entendre, il est vrai, qu'il tient la sincérité religieuse
de Chateaubriand pour suspecte. Mais sa pensée n'est intelligible
précisément que si elle est replacée dans la perspective que nous
montrions plus haut : Chateaubriand a eu la foi dans l'éclair
d'émotion humaine qui est quasi l'acte de conception d'un livre :
Sainte-Beuve le croit vraiment; seulement c'est sans importance
pour la critique littéraire, car ensuite est venu l'artiste qui a
écrit *le Génie du christianisme* cependant que l'homme retombait
dans le doute et probablement dans pis que le doute. En somme,
l'artiste éternise un geste dans le marbre. Mais un geste qui
s'éternise, c'est une pose, et Sainte-Beuve est un des premiers
à attribuer à ce mot le sens péjoratif que nous lui donnons.
Pouvons-nous lui reprocher d'être trop sévère? En réalité, on
peut le blâmer seulement de n'avoir pas clairement vu qu'il
fallait faire le procès non de Chateaubriand, mais d'une conception de l'art qui confond l'art avec l'artifice. Tout en faisant
avec les écrivains contemporains de Chateaubriand les rapprochements nécessaires, et même avec les poètes romantiques, Sainte-
Beuve refuse de concéder que c'est la conception d'une époque
entière, qu'elle tient à la structure de la société au lendemain de

la Révolution. Il s'en prend avec aigreur à Chateaubriand, mais, après tout, l'insistance de sa critique contient un bel hommage : le lecteur emporte la conviction que de tous les poètes du siècle, Chateaubriand était celui qui pouvait, qui devait réussir là où les autres étaient voués à l'échec. Il suffisait d'un rien, et Sainte-Beuve enrage de ce rien qui a manqué.

Chateaubriand aurait-il été si mécontent du portrait que Sainte-Beuve fait apparaître entre les lignes de son livre ? Est-il si déplaisant de lire que l'auteur des *Martyrs* jetait des pots d'eau à la tête de M. Molé dans les châteaux où ils étaient reçus ? que, partant à grand fracas en pèlerinage pour les Lieux saints, alors qu'il négligeait même la plus simple pratique religieuse, René avait secrètement rendez-vous en Espagne avec une jeune femme surnommée Mouche ? On finit par aimer ce vieux gamin qui passait du temps à regarder jouer à la marelle dans les rues et qui montrait autant de goût pour l'école buissonnière que de goût pour l'amour lorsqu'il courait la prétantaine entre ses heures de représentation officielle chez Mme Récamier ou chez Mme de Chateaubriand. On en vient à regretter que son mariage n'ait pas eu lieu comme Sainte-Beuve nous le raconte; en tout cas, le souvenir d'une pareille folie aurait par la suite adouci bien du fiel entre les époux.

Importance de l'ouvrage. — La lecture de *Chateaubriand et son groupe littéraire* n'est pas agréable. Tel que nous le lisons, l'ouvrage est trop près du cours parlé; la composition d'une œuvre orale n'est pas celle d'un livre. Les trois premières leçons sont à peu près inextricables et l'ensemble est encombré de digressions. D'autre part, c'est le déballage des documents que Sainte-Beuve avait amassés pendant tant d'années. C'est souvent en note, comme dans le dictionnaire de Bayle, qu'on trouve la moelle de l'ouvrage, le rapprochement significatif ou la remarque suggestive. Enfin, les longues études sur Chênedollé et sur Guéneau de Mussy sont absolument insipides. Voilà sans doute pourquoi on ne compte pas *Chateaubriand et son groupe littéraire* parmi les grandes œuvres de Sainte-Beuve.

Cependant, il nous semble que la date de cet ouvrage est importante dans l'histoire des rapports entre le poète et le public. Ceux qui viendront ensuite ne pourront plus se présenter comme des mages devant des foules dont on attend ébahissement et enthousiasme. Les mages ne sont plus que des charlatans. Tout cela n'est peut-être pas de l'invention de Sainte-Beuve, mais il nous semble qu'on le trouve pour la première fois dit dans le cours de Liège. Après 1848, les uns, comme Renan, tenteront de revenir au XVIIIe siècle et s'adresseront aux cinq cents personnes qui composent la bonne compagnie des milieux cultivés; les autres, comme Baudelaire, assumeront la malédiction de n'avoir pas de « public », mais un lecteur imaginaire, frère et complice.

Sur ce point comme sur tant d'autres, Sainte-Beuve, sans avoir le courage d'envisager les solutions radicales, a clairement vu les insuffisances de l'école romantique française.

NOTA. — Les notes de Sainte-Beuve sont numérotées par des lettres minuscules.

Les chiffres en gras (entre parenthèses) placés dans le texte renvoient aux Questions qui figurent à la fin du volume.

BIBLIOGRAPHIE SOMMAIRE

I. *Principales éditions de l'ouvrage :*

SAINTE-BEUVE, *Chateaubriand et son groupe littéraire sous l'Empire* (nouvelle édition annotée par Maurice Allem, Paris, Garnier, s. d., 2 vol.).
SAINTE-BEUVE, *Œuvres* (texte présenté et annoté par Maxime Leroy, Paris « Bibliothèque de la Pléiade », N. R. F., 1949 sqq., 2 vol. parus).

II. *Ouvrages à consulter.*

a) Sur Sainte-Beuve en général :

G. MICHAUT, *Sainte-Beuve*, Paris, Hachette, 1921.
Jean BONNEROT, *Bibliographie de l'œuvre de Sainte-Beuve* (Paris, Giraud-Badin, 1937).
Maxime LEROY, *la Pensée de Sainte-Beuve* (Paris, N. R. F., 1940).
SAINTE-BEUVE, *Correspondance générale* (recueillie, classée et annotée par Jean Bonnerot, Paris, Stock, 1935 sqq., 7 vol. parus).

b) Sur Chateaubriand et Sainte-Beuve :

CHATEAUBRIAND, *Mémoires d'outre-tombe* (édit. Levaillant, Paris, N. R. F., 1948, 2 vol.).
Ch. MAURRAS, *Trois Idées politiques* (Paris, Champion, 1898).
G. MICHAUT, *Chateaubriand et Sainte-Beuve* (Revue de Fribourg, 1900).

CHATEAUBRIAND
DANS LES « PORTRAITS CONTEMPORAINS »

[Les *Portraits contemporains* contiennent deux articles sur Chateaubriand, l'un du 15 avril 1834 où Sainte-Beuve rend compte
d'une lecture des *Mémoires d'outre-tombe* chez Mme Récamier[1],
l'autre du 15 avril 1844 sur la *Vie de Rancé*[2]. Nous ne pouvons
les reproduire. Ils sont, avec de très discrètes réserves, fort élogieux.
Le second est accompagné du *post-scriptum* suivant :]

Tels sont ces articles sur Chateaubriand qui m'ont valu,
par la suite, tant d'injures, et au nom desquels on m'a
contesté le droit d'étudier plus à froid et de juger Chateaubriand mort à un point de vue toujours admiratif, mais
moralement plus vrai et plus réel. Je dirai de plus que le
caractère de mes relations avec M. de Chateaubriand a été
tout à fait méconnu et défiguré à plaisir par des critiques,
venus depuis et qui ne se sont pas rendu compte des vrais
rapports naturels entre une ardente jeunesse qui s'élève et
une gloire déclinante qui vieillit. — Je ne désirai jamais être
présenté à M. de Chateaubriand : ce fut M. Villemain[3] qui,
le premier, eut pour moi cette gracieuse idée en 1829. [...]
M. Villemain, en me conduisant chez M. de Chateaubriand,
avait sans nul doute l'intention de m'être agréable et même
utile; il ne semblait nullement impossible, à cette avant-
dernière saison encore propice de la Restauration, que
M. de Chateaubriand redevînt ministre et président d'un
Cabinet où M. Villemain lui-même aurait été ministre de
l'Instruction publique. Dans ce cas, il n'eût pas été tout
à fait indifférent, non plus, que les jeunes gens qui s'élevaient
et qui marquaient quelque talent fussent conciliés d'avance
par de la bonne grâce. [...]
La Révolution de 1830 interrompit mes relations avec

1. Juliette Bernard (1777-1849) avait épousé en 1793 le banquier Récamier.
Elle fit la connaissance de Chateaubriand, en 1801, chez Mme de Staël; leur
liaison ne commença véritablement qu'en 1824. A partir de 1819, elle vécut
retirée à l'Abbaye-aux-Bois, ancien couvent situé dans le bas de la rue de
Sèvres; 2. Dom Armand-Jean Le Bouthillier *de Rancé* (1626-1700) : réfor-
mateur de la Trappe; 3. *Abel-François Villemain* (1790-1870) : critique, professeur et homme politique.

M. de Chateaubriand. Ses amis ne furent point très-contents d'un petit article de moi qui parut dans *le Globe*[1] du 19 août 1830 et dans lequel, en félicitant Victor Hugo de se rallier à la nouvelle France, j'acceptais au contraire, comme un fait accompli et légitime, l'abdication politique de M. de Chateaubriand[2]. [...] Je fus deux ou trois ans sans revoir M. de Chateaubriand. Dans l'intervalle, je m'émancipai un peu sur son compte dans mon article de l'*abbé Prévost*[3]. Je m'en fis même une objection quand mon ami Ampère[4] voulut me présenter à l'Abbaye-au-Bois; mais je finis par céder à ses instances, et c'est dans ce salon que je retrouvai M. de Chateaubriand comme dans son cadre le plus naturel et où il était décidé à être le plus aimable. [...]

Si [...] nous venions à louer M. de Chateaubriand, comme il était naturel de le faire dans le milieu d'une société où nous vivions près de lui, nous ne faisions nullement pour cela la cour à un puissant lettré, dont nous eussions besoin, ni une platitude envers un grand nom idolâtré; il pouvait y avoir de notre part quelque complaisance assurément, mais cette complaisance n'était pas tout entière de notre côté, et elle était même partagée. [...] Remettons donc les choses à leur point. Figurons-nous un monde charmant, une société d'élite, un vieillard illustre et glorieux qui se sentait heureux d'être compris et goûté par des hommes plus jeunes et qui n'étaient pas tout à fait ses disciples. [...]

Et maintenant qu'on s'étonne, si l'on veut, et qu'on se scandalise qu'après des années écoulées, en ne cessant de placer M. de Chateaubriand au premier rang littéraire du siècle, j'aie écrit sur lui, dans les deux volumes dont il est le sujet et le centre, comme en pensaient et en parlaient dans la familiarité tous ses amis et connaissances, toutes les personnes de la société en dehors de sa coterie[5]*(1). [...]

---

1. *Le Globe* : journal libéral, puis saint-simonien, fondé par Dubois, ancien professeur de Sainte-Beuve, parut de 1824 à 1832. Sainte-Beuve en fut un des principaux collaborateurs; 2. Il s'agit d'une Introduction anonyme à des extraits du poème de V. Hugo, *Dicté après juillet 1830*. Chateaubriand y était traité de « vieillard »; 3. Article du 25 septembre 1831 dans la *Revue de Paris* (recueilli dans les *Portraits littéraires*). Sainte-Beuve y disait à peu près que seul *René* sauvait Chateaubriand de l'oubli; 4. *Jean-Jacques Ampère* (1800-1864), le fils du physicien, professeur de littérature française au Collège de France; 5. Cette note est vraisemblablement de 1869.

CHATEAUBRIAND

DANS « CHATEAUBRIAND ET SON GROUPE LITTÉRAIRE SOUS L'EMPIRE »

[PRÉFACE DE 1849]

[...] Le Cours que je reproduis en ce volume ne paraîtra pas rentrer dans ma manière habituelle, qui jusqu'ici était plutôt de peindre que de juger. Cette fois je n'ai voulu faire que de la *critique judicieuse*[1] : cela a l'air d'un pléonasme, c'est pourtant une nouveauté.

J'ai profité de l'indépendance littéraire qu'on trouve à la frontière (elle n'existe pas à Paris) pour développer mon jugement en toute liberté et sans manquer à ce que je crois les convenances. Comme les convenances sont chose relative, je ne voudrais pourtant point paraître y manquer aujourd'hui, en venant imprimer à Paris ce qui a pu être dit ailleurs. On me permettra quelques explications à ce sujet.

J'ai jugé M. de Chateaubriand comme certes chacun est en droit de le juger aujourd'hui. Il est temps que pour lui la vie critique commence, à moins qu'on ne veuille faire de sa renommée, comme de celle de Bossuet et de Racine, une de ces *religions françaises* (a) auxquelles on ne peut trouver mot à dire sous peine d'être excommunié. La dévotion et la critique ne vont guère ensemble. Or, les longs respects qu'on a payés au glorieux vivant sont tout près de se changer en dévotion, aujourd'hui qu'il n'est plus. Je n'ai pas cru devoir imiter ceux qu'une longue amitié enchaîne à ce rôle honorable, et rien en effet ne m'y obligeait.

J'ai eu l'honneur de voir souvent M. de Chateaubriand dans les vingt dernières années de sa vie, et même celui de le louer quelquefois. Mais mon jugement, longtemps suspendu, date de loin. Il ne serait pas difficile, à ceux qui voudraient prendre cette peine, d'en retrouver l'expression vers 1830-1832, dans les recueils où j'écrivais alors[2]. Depuis

---

a) Expression du comte Joseph de Maistre.

1. *Judicieuse*, c'est-à-dire *qui juge* ; 2. Voir des précisions sur tout cela p. 14.

1834 environ, une influence aimable m'a tout à fait paralysé sur ce point, et n'a plus laissé place sous ma plume au jugement proprement dit. J'avouerai avec franchise que, depuis cette heure, je n'ai jamais été *libre* en venant parler en public de M. de Chateaubriand. Les amis qui m'ont introduit pour la première fois auprès de Mᵐᵉ Récamier savent bien que c'était là ma crainte, et que le critique en moi résistait : mais un si doux charme attirait d'ailleurs vers cette femme gracieuse qui s'était consacrée à René[1] vieillissant, qu'il fallut bien céder en définitive, et faire comme tous ceux qu'elle a vaincus. Quand un critique cède pourtant, et qu'il se laisse aller à son plaisir, ce n'est jamais pour lui sans conséquence : c'est en louanges qu'il doit payer son écot. J'ai essayé de rendre plus d'une fois ce qu'il y avait de nuances flatteuses dans ce monde d'élite où M. de Chateaubriand ne s'encadrait que par un seul aspect; je me suis fidèlement prêté à la perspective. Il m'est pourtant arrivé, même dans ce monde de bonne grâce, de résister plus d'une fois aussi, de me refuser tout net à parler au public de tels ou tels des ouvrages du maître publiés depuis 1834[2]. Même en cédant, j'insinuais mes réserves, comme lorsque j'ai parlé de son dernier ouvrage sur Rancé[3] : je me comparais tout bas à la cigale obligée de chanter dans la gueule du lion*(1).

En deux ou trois circonstances, M. de Chateaubriand a daigné prononcer mon nom avec éloge : j'y fus sensible comme je dus, moins encore peut-être qu'à la crainte de me voir enchaîné par là comme par un carcan d'or, au pied de sa statue. J'apprécie certainement les éloges personnels venant d'une telle plume; je n'ai pas moins ressenti combien en toute circonstance M. de Chateaubriand s'est montré peu favorable et même contraire à l'ordre d'idées et d'efforts poétiques auxquels ma jeunesse s'est associée, et que sa vieillesse était faite pour accueillir, puisque la source avait jailli sous son ombre et comme entre les pieds du vieux chêne.

De tout cela il résulte que je me suis considéré comme parfaitement libre aujourd'hui, et que j'ai usé de cette liberté en l'appliquant selon la mesure de mon jugement au plus illustre de nos écrivains modernes. Dégagé de tout rôle

1. Chateaubriand s'appelait François-*René* ; Sainte-Beuve pense d'ailleurs au héros du roman *René* ; 2. Il s'agit du *Congrès de Vérone* ; 3. Cf. p. 13.

et presque de tout lien, observant de près depuis bientôt vingt-cinq ans les choses et les personnages littéraires, n'ayant aucun intérêt à ne pas les voir tels qu'ils sont, je puis dire que je regorge de vérités. J'en dirai au moins quelques-unes. C'est la seule satisfaction de l'écrivain sérieux dans la dernière moitié de la vie.

Septembre 1849.

DISCOURS D'OUVERTURE

POUR SERVIR D'INTRODUCTION
AU COURS DE LITTÉRATURE FRANÇAISE,
PRONONCÉ LE LUNDI 30 OCTOBRE 1848
DANS LA SALLE ACADÉMIQUE DE L'UNIVERSITÉ DE LIÈGE

[Sainte-Beuve annonce le sujet de son cours public : « Chateau-briand ». Mais pourquoi avoir choisi un contemporain ?]

[...] Ce n'est pas assez, dans l'étude littéraire, de s'ar-rêter à considérer le beau, si l'on n'arrive à recevoir, à communiquer le mouvement et la vie. Or, les monuments du passé sont toujours un peu froids ; et même quand on sent qu'on a affaire à de grands modèles, il semble, à travers la différence des temps et ce je ne sais quoi d'ac-compli qu'ajoute la consécration des âges, qu'ils soient d'une autre nature que nous. On n'y entre pas aisément ni tout aussitôt. Un critique éloquent l'a dit (a), les modèles du passé, dans l'admiration traditionnelle qui les environne, ont quelque chose de la splendeur fixe des astres et de la beauté un peu froide des marbres. On peut dire d'eux qu'ils règnent, mais trop souvent qu'ils ne vivent pas. Il n'en est point ainsi des contemporains, ou de ceux qui le sont presque, dont les noms ont lui sur notre enfance, — de ceux dont la gloire nous a vus naître, et que nous avons vus mourir. Ils sont à la fois, pour les jeunes âmes, l'objet d'un culte et d'une espérance ; on les voit bien haut, plus haut souvent qu'ils ne méritent d'être en effet et qu'ils ne reste-ront sans doute ; mais jusque dans cette illusion même, on se dit qu'il ne serait peut-être pas tout à fait impossible de marcher sur leurs traces et de les atteindre. Ce sont ces images d'hier qui ont animé nos premiers rêves, qui ont

a) Coleridge, *Biographia literaria*, chap. Iᵉʳ.

éveillé et troublé notre imagination naissante[1], et auxquelles
nous devons le plus souvent d'avoir été initiés au monde de
l'esprit. Chateaubriand! Staël! Lamartine! vous avez fait
verser plus de pleurs, vous avez excité plus de pensées, en
nos jours, que ne l'auraient pu de plus anciens que vous et
de plus sévères. Ainsi Jean-Jacques, ainsi Voltaire parlaient
à la jeunesse d'alors un peu plus vivement, je pense,
qu'Homère et que Platon, ou même que Racine et Male-
branche. J'étudierai donc avec vous, Messieurs, les derniers
grands contemporains, ces grands séducteurs; je prendrai
sur moi de les apprécier réellement en les comparant à leurs
devanciers, et de les mesurer sans les réduire*(1) [...].

Nous trouverons d'abord et tout directement la langue
arrivée à la période extrême de son développement et
à la veille de se corrompre. Cette corruption, déjà commencée et très-avancée au sein du dix-huitième siècle, était
recouverte et corrigée par de magnifiques exemples, par
des ouvrages empreints de génie, et par des habitudes
encore exquises de langage dans la bonne société[2]. Après
dix années de révolution, de désastre et de mélange, où la
confusion, la dégradation de toute chose s'affichait avec
impudeur et menaçait de se fixer dans la langue même,
il s'agissait de réparer. 1802 marqua une ère nouvelle;
il y eut renaissance, retour à l'antique esprit ou du moins
à de nobles formes de la tradition, en même temps que
reprise du mouvement littéraire extrême du dernier siècle.
La décadence fut de nouveau voilée. En un mot, l'automne
continua, mais il y eut un air de reprise du printemps.
Chateaubriand ressaisit et renouvela avec génie l'œuvre
pittoresque de Bernardin de Saint-Pierre, de Buffon et
de Jean-Jacques; la forêt dans son feuillage immense se
revêtit de teintes de plus en plus riches et belles, en même
temps qu'un souffle plus doux faisait croire à je ne sais quel
retour impossible de la fraîcheur. Messieurs, ç'a été là
l'inspiration et l'honneur de la littérature française des trente
premières années du siècle : elle s'est crue jeune et, par
conséquent, elle l'a été; elle a eu espérance et vie; elle a
conçu de vastes pensées, elle s'était fait de hautes, de géné-
reuses promesses; elle en a tenu quelques-unes : c'est assez,

1. Sainte-Beuve a consigné dans un cahier l'émotion que lui avait donnée
la lecture de *René* lorsqu'il avait quinze ans; 2. Voir ces mêmes idées dans les
Causeries du lundi (« Classiques Larousse », Extraits, pp. 17 et 18).

malgré bien des déceptions et des mécomptes, pour que son renom ne reste pas sans écho dans l'avenir, pour que cette période brillante se détache sur le penchant des âges entre celles qui l'ont précédée et celles qui la suivront; c'est assez pour mériter une histoire*(2).

Vous me verrez toujours en parler, Messieurs, comme d'une période tout à fait accomplie et terminée. Elle n'est véritablement close que d'hier, mais elle l'est véritablement, je le crois. On peut dire avec certitude que le mouvement littéraire ouvert en 1800 par Chateaubriand et par Mᵐᵉ de Staël, continué depuis par d'autres presque aussi glorieux, est entièrement épuisé aujourd'hui. Depuis ces dernières années, ce mouvement, à vrai dire, n'en était plus un; il ne marchait plus, il traînait. Mieux vaut pour son honneur, peut-être, avoir été coupé nettement, que de s'être prolongé outre mesure, si ralenti et si affaibli. Quoi qu'il en soit, la brèche a été faite; un flot impétueux s'est précipité. Le monde, aujourd'hui, appartient manifestement à d'autres idées, à d'autres sentiments, à d'autres générations qu'il serait encore prématuré de définir. Ceux même qui, après avoir le plus marqué dans la période précédente, se posent résolument comme les guides et les oracles du mouvement présent, du mouvement futur inconnu, ne réussissent à le faire que parce qu'ils ont totalement rompu avec leur passé, avec leurs souvenirs, leurs idées, leurs inspirations premières, — avec tout, excepté avec leur talent. Ce sont désormais des hommes nouveaux, et nous pouvons parler d'eux au passé tout à notre aise, avec le seul respect qu'on doit à d'illustres morts; car cela ne les concerne plus aujourd'hui*(3) [...].

Je causerai devant vous (j'ai presque dit avec vous), Messieurs, de toutes ces choses. Ma pensée se complétera, se corrigera plus d'une fois en songeant en quel lieu et devant qui je parle. Je parle dans une contrée de langue française, mais qui, de tout temps, a eu son mode d'existence propre, et qui se rattache maintenant à une vraie nation. Tout pays qui a un vif sentiment de sa nationalité ne saurait manquer d'une littérature. La Belgique l'a déjà prouvé[1]. [...]

Mais le génie des lieux, pour rendre ses oracles, veut être consulté avec lenteur, et on ne le brusque pas en un jour. [...] Vous m'accorderez quelque délai, Messieurs,

1. Sainte-Beuve cite ici des écrivains belges aujourd'hui inconnus. L'indépendance de la Belgique date de 1830.

pour [...] me former une idée des rapports qu'il serait
intéressant d'établir entre notre étude générale et ce qui
vous est particulier. Je crois sentir qu'avec du temps, et
si vous voulez bien me faire un peu de crédit, mon zèle y
pourra suffire[1]. On a dit de certains esprits que, pour qu'ils
soient à leur aise et qu'ils aient tout leur jet, il faut qu'ils
se sentent dans *l'air tiède* de l'indulgence*(4) [...].

Il y a dans les connaissances littéraires une portion posi-
tive, essentielle, utile, qu'un jeune homme qui a passé par
les écoles ne saurait convenablement ignorer : cette portion-
là, il faut l'acquérir, la posséder, prouver au besoin qu'on en
est muni. [...] Mais à côté, mais au-dessus, laissez place
à un peu de fantaisie, si elle veut naître, — à la flamme
sur le front d'Iule[2] — non pas sur le front seulement, mais
dans le cœur. Après tout, quelles que soient les destinées
futures du monde et la prédominance des intérêts sur les
idées, rien ne vivra dans la mémoire, rien ne se transmettra
que par les Lettres. Ces événements eux-mêmes qui les
effacent un moment et les éclipsent comme aujourd'hui,
ces catastrophes qui paraissent si considérables aux contemporains, que seraient-elles sans le génie des Lettres ? Que
sembleraient-elles à distance dans leur chaos, si l'historien
ne les débrouillait, ne les présentait sous un jour plus net,
et ne leur donnait, par la puissance de l'esprit, je ne sais quel
ordre et quelle grandeur, que souvent il serait difficile de
leur trouver dans la réalité ? [...] Je suis de ceux pour qui la
littérature ainsi conçue, ainsi aimée pour elle-même, est
comme une religion ardemment embrassée dès l'enfance; et
au milieu de tout ce qui semblait devoir en détacher ou en
distraire, les années n'ont fait que la confirmer en moi*(5).

PREMIÈRE LEÇON

[...] Il y a un homme qui a eu le privilège de durer
et de persister, disons mieux, de régner durant les trois
périodes, durant les *trois fois quinze ans* que nous avons
traversés : trois âges d'homme ! Sous le Consulat et l'Empire

---

1. On n'exigeait plus de Sainte-Beuve, comme on l'avait fait en 1831, qu'il
se fît naturaliser, mais la nomination d'un Français avait soulevé des protes-
tations; 2. « Ecce levis summo de vertice visus Iuli
Fundere lumen apex,... »
(Virg., *Enéide*, II, 682-683). Voici que du haut de la tête d'Iule une légère
aigrette de feu s'allume... (Trad. Bellessort.)

il brille du premier jour, dès le premier matin ; comme un
météore. Sous la Restauration il est à son zénith ; il la remplit.
Bien plus, il est au cœur des choses et des luttes de chaque
jour, et l'on reconnaît son épée à l'éclair dans chaque mêlée.
Sous le dernier régime, il se tient à l'écart, et ne sort plus
de sa tente que par intervalles ; il n'a plus, si vous le voulez,
qu'un règne *honoraire*, surtout dans ces derniers temps ; mais
enfin, le respect, l'admiration ne se sont pas retirés de lui
un seul jour ; et celui dont nos pères, encore jeunes, lisaient
avec étonnement et avec la surprise de la nouveauté *Atala*
ou *René*, voilà que vous cherchez chaque matin avec curiosité
ses dernières pages sorties de sa tombe, et toutes parfumées
pourtant (au moins quelques-unes) d'un certain souffle de
jeunesse et d'un reste de fraîcheur. Il y a là une destinée
littéraire et plus que littéraire, une destinée vraiment historique et monumentale, à laquelle se rattache de loin aux
yeux de la postérité toute une période accomplie. Ce sont
des monarques dans la république des Lettres, que des
personnages qui durent comme Voltaire[1] ou comme M. de
Chateaubriand. Ils obtiennent, ils usurpent une espèce de
sceptre. Je ne prétends pas établir un rang, ni fixer la valeur
des œuvres, mais seulement mesurer les rapports apparents
et l'étendue du rayon ; et en ce sens, on peut dire que M. de
Chateaubriand est et demeurera en perspective le premier,
le plus grand des *lettrés français* de son âge.

Mais nous avons à voir en quelles circonstances il s'est
produit, et ce qu'était le monde littéraire à la veille de son
apparition : car ce fut moins un auteur d'ouvrages complets
et parfaits en eux-mêmes qu'un homme de mouvement et
d'influence ; et la première des qualités de son génie se trouve
encore l'à-propos (*a*)*[1].

_____

a) Cet à-propos pour l'éclat, il l'eut toujours, depuis sa première
entrée jusque dans les diverses circonstances critiques de sa vie,
même dans ce qu'on peut appeler ses *coups de tête* ; il savait prendre
son temps et saisir le *joint* des choses. On peut trouver qu'il n'a
manqué cet à-propos que par l'heure de sa mort. Et encore, s'en
allant à cette heure tardive et confuse, il eut la satisfaction (satisfaction bien triste, mais enfin c'est la dernière des mourants) de
voir s'accomplir ce qu'il avait prédit. Il put croire que la société
s'en allait avec lui, de même qu'elle avait attendu son signal autrefois pour commencer à renaître.

1. On parle couramment du roi Voltaire.

[...] Le dix-huitième siècle avait été une époque toute calme et toute paisible. [...] Grâce à une si longue paix et à un si parfait loisir, la civilisation était arrivée à une extrême douceur; la vie humaine avait acquis tout son luxe et tout son raffinement. Le luxe de l'esprit était en première ligne, et la bonne société le prisait avant tout. Cette *bonne société*, ce qu'on appelait ainsi, s'était fort étendue, et formait un cercle imposant. [...] Les gens d'esprit qui voulaient se produire dans les Lettres avec distinction n'étaient plus, comme au dix-septième siècle, en présence surtout de la Cour, ils avaient à compter avec l'*opinion* ; et cette opinion qui avait ses caprices, ses vogues (*a*), ne subit point, durant toutes ces années, de ces tempêtes et de ces secousses profondes qui changent l'atmosphère des esprits : dans la sphère morale, le même régime atmosphérique continua*(2). Durant cette période heureuse et presque unique dans l'histoire, il s'était composé de grands et longs ouvrages, des monuments; et les écrivains célèbres avaient pu parcourir toute leur carrière, naître à la célébrité, se développer et mourir, sans être à tout moment interrompus, déjoués et harcelés par ces crises sociales et politiques qui brisent les plus prudentes destinées. Montesquieu avait pu fournir toutes les phases de son génie d'écrivain, passer des *Lettres persanes* aux *Considérations sur les Romains* et s'élever graduellement à l'*Esprit des lois*, en vertu de son seul mouvement et de son seul progrès intérieur. De telles conditions heureuses aident fort à l'unité et à la dignité; et si nous reportons notre pensée sur nos écrivains d'aujourd'hui obligés de s'accommoder à deux ou trois régimes différents et souvent contraires, coupés en 1814 et en 1815, en 1830, en 1848, nous serons plus indulgents peut-être pour leur versatilité en apparence si étrange, et pour leur carrière bigarrée; ou du moins nous nous l'expliquerons parfaitement. [...]

Je conçois [...] que d'illustres savants, des têtes puis-

---

a) Querelles sur la Bulle, sur l'Encyclopédie, querelles sur la musique, sur le commerce des grains, etc.[1]

1. Il s'agit de la bulle *Unigenitus* par laquelle le pape condamne le jansénisme en 1713, des difficultés que rencontrèrent les éditeurs pour mener à bien l'Encyclopédie, de la question de la musique italienne et de la musique française, enfin de la liberté du commerce des grains.

santes comme celle d'un Lagrange[1] ou d'un La Place[2], s'isolent au sein des révolutions, s'enferment comme Archimède, dans la haute sphère, dans la sphère d'Uranie,

Edita doctrina sapientum templa serena[3],

et développent d'une plume aidée du compas leurs conceptions inaltérables, sans se soucier des troubles de la terre (a). Mais pour des œuvres littéraires, c'est-à-dire essentiellement humaines, dont la matière s'agite et bouillonne au même moment où l'écrivain la voudrait fixer, il n'y a pas moyen alors : il faut du loisir, du calme, une certaine sécurité pour l'artiste, un temps de repos de la part du modèle.

En un mot, l'artiste humain travaille sur une matière essentiellement mobile et mouvante; mais si elle passe à l'état de lave brûlante, ce n'est pas le moment de la saisir; il faut du moins qu'elle soit un peu refroidie*(3). [...]

Pour qu'une littérature ait de la vie avec ensemble et consistance, il faut une certaine stabilité non stagnante; il faut, pour l'émulation, un cercle de juges compétents et d'élite, quelque chose ou quelqu'un qui organise, qui régularise, qui modère et qui contienne, que l'écrivain ait en vue et qu'il désire de satisfaire; sans quoi il s'émancipe outre mesure, il se disperse et s'abandonne. Au dix-septième siècle on avait eu Richelieu[4]; on avait eu Louis XIV aidé de Boileau. Au dix-huitième siècle on avait la société, l'*Opinion*, cette reine d'alors. Les grands siècles littéraires ont toujours eu ainsi un juge, un tribunal dispensateur, de qui l'écrivain se sentait dépendre, quelque balcon, ou pour parler comme La Bruyère quelque *balustre*[5], duquel descendait la palme et la récompense. Aux époques tout à fait libres, il peut y avoir un moment d'inspiration générale, un souffle universel et rapide qui suffit pendant quelque temps à la production diverse et spontanée des œuvres; mais encore, en

---

a) L'*Exposition du système du monde*, par La Place, est de 1796; la *Théorie des fonctions analytiques*, par Lagrange, est de 1797.

1. *Joseph-Louis Lagrange* (1736-1813) : mathématicien et astronome; **2.** *Pierre-Simon Laplace* (1749-1827) : auteur d'un fameux système cosmogonique; **3.** Lucrèce, *De natura rerum*, II, 8. « Hauts lieux [fortifiés] par la science des sages, régions sereines » (trad. Ernout); **4.** Richelieu a contribué à établir l'Académie française; l'action de Louis XIV sur les Lettres de son temps est plus mythique; **5.** *Balustre* : espace délimité par une balustrade, où se trouve le lit du roi (d'après Littré). La Bruyère (*Discours de réception à l'Académie française*) veut parler du lieu inaccessible où siège le souverain.

y regardant bien, on verrait le plus souvent au-dessous
quelque nom de personnage essentiel, central, ralliant et
sachant diriger, sans trop le faire paraître, quelque Périclès[1],
quelque Médicis[2], une cour d'Elisabeth[3], ou de Ferrare[4],
ou de Weymar[5], ou enfin ce cercle plus ou moins précis des
jugements publics que les modernes ont compris par le seul
mot d'Opinion. Or, sous le Directoire, dans ce pêle-mêle,
il n'y avait ni prince, ni opinion régnante, ni public rangé
devant vous *(corona[6])* : de là, toute licence*(4).

Pourtant, on saisirait un moment, vers 1795, où une
littérature républicaine parut avoir quelque chance de se
développer et de s'établir; les talents ne manquaient pas,
non plus qu'une sorte d'inspiration particulière et *sui generis*,
dont on trouve des exemples dans les écrits d'alors, dans
ceux de Garat, de Daunou, de M.-J. Chénier, de Lemercier,
de Benjamin Constant[7], et dont Mme de Staël a essayé de
construire la théorie dans son livre *De la Littérature*, publié
en 1800. Si le Directoire, en un mot, avait duré avec la
Constitution de l'an III, il y avait possibilité de ce côté à
l'établissement d'une littérature. Mais cette possibilité n'était
que secondaire, et il était impossible que le Directoire
durât. [...]

DEUXIÈME LEÇON

[Résumant l'ouvrage de Mme de Staël, *De la littérature*, Sainte-
Beuve rencontre cette idée qu'il faut maintenir à un niveau élevé
la culture dans une société démocratique, si difficile que cela soit.]

Les grands écrivains, les poètes que la France possède,
les romanciers célèbres, qu'ont-ils fait depuis quelques
années? Ils se sont mis, à partir d'un certain jour, à ne
plus écrire que pour une classe plus nombreuse qu'éclai-

---

1. *Périclès :* dictateur moral d'Athènes au ve siècle av. J.-C.; **2.** *Laurent Ier
de Médicis*, dit le Magnifique, duc de Florence (1448-1492), fut mécène et
poète; **3.** *Elisabeth* d'Angleterre (1553-1603); **4.** L'Arioste et le Tasse vécurent
à la *cour de Ferrare*, où régnait au XVIe siècle la maison d'Este; **5.** Charles-
Auguste de Saxe-Weimar protégea Goethe et Schiller; **6.** Couronne, d'où
« cercle », « assemblée »; **7.** *Dominique-Joseph Garat* (1749-1833) est un philosophe. *Daunou* (1761-1840) est un historien. *Marie-Joseph Chénier* (1764-
1811) est le frère d'André. C'est un dramaturge; il est aussi l'auteur du
Chant du départ. *Népomucène Lemercier* (1771-1840) est un auteur tragique.
Henri-Benjamin-Constant de Rebecque (1767-1830) était un Suisse naturalisé
Français : homme politique libéral et romancier, il est encore connu par
Adolphe.

rée; ils ont voulu accaparer le nombre, plutôt que se concilier la qualité. *La quantité plutôt que la qualité*, a été leur devise : « Ce n'est pas pour vous que j'écris, disait à qui voulait l'entendre un grand poète qui se faisait historien (et historien révolutionnaire), c'est pour le peuple, c'est pour les ateliers[1]. » Tel romancier de même, au lieu de s'adresser aux cœurs délicats et blessés, aux imaginations nobles et sensibles, n'a plus visé qu'aux prolétaires[2]. Chacun a voulu la grosse gloire, plutôt que la grande. « *Etenim nescio quo pacto vel magis homines juvat gloria lata quam magna*[3] (*a*). » Presque tous les hommes célèbres aiment encore mieux la banalité que la gloire. Ils prennent l'étendue et la masse pour la puissance. Où est-il celui qui saura unir la vraie puissance avec la délicatesse (*b*)⋆(**1**)? [...]

Un écrivain distingué, d'un autre bord que Mme de Staël, qui critiqua l'ouvrage *De la Littérature*[4] et y mit une sorte d'acrimonie polie, M. de Fontanes[5], avec bien moins d'idées et un fonds incomparablement moins fertile, avait un sentiment plus net, une vue plus éclaircie de la situation. Fontanes avait connu ou plutôt retrouvé en Angleterre, où il s'était réfugié après la proscription de Fructidor[6], un jeune émigré breton, aimant les Lettres, un peu bizarre d'humeur, sauvage par habitude et singulièrement aimable par accès.

---

a) Pline le Jeune, *Lettres*, liv. IV, xii.

b) « La force : — elle ne régnait autrefois que dans l'ordre temporel et politique; elle règne aujourd'hui et triomphe, même dans l'ordre spirituel et intellectuel, là où régnaient la beauté, la finesse, la délicatesse, l'ironie gracieuse, là où soufflait l'esprit léger de la Muse. Ce n'est plus qu'éloge de la force à tout prix, de la force ambitieuse, bien ou mal employée, déployée à tort et à travers : la gloire est aux *géants* de la pensée, comme on les appelle; soyez Vulcain et Cyclope[7], fabriquez, forgez, que tout Lemnos[8] retentisse de vos coups, — lancez d'en haut, à l'aveugle, des quartiers de roche, lancez-en beaucoup et souvent : vous serez admiré, vous serez divinisé. » (Pensées inédites.)

1. Il s'agit évidemment de Lamartine; **2.** M. Maurice Allem pense que Sainte-Beuve vise ici Eugène Sue; **3.** « Car, je ne sais comment, la popularité charme les hommes plus même que la grande gloire. »; **4.** *De la littérature considérée dans ses rapports avec les institutions sociales* (1800); **5.** *Louis Fontanes* (1757-1821) : poète et critique qui devint grand maître de l'Universié en 1808. C'est un des plus intimes amis de Chateaubriand; **6.** 4 septembre 1797; **7.** Sainte-Beuve avait surnommé Victor Hugo le *géant* ou le *cyclope*; **8.** *Lemnos* : île grecque de l'Archipel; c'est là que se trouvaient les forges de Vulcain et des cyclopes.

Il s'était promené avec lui à l'ombre de Westminster; ils avaient visité ensemble le *Coin des poètes ;* ils avaient causé de Milton, de Gray, de cette mélancolie rêveuse qui faisait le caractère des derniers poètes anglais, et que l'âme des deux exilés était d'autant mieux disposée à sentir; ils avaient pleuré ensemble en regrettant *Argos*[1]. [...] Rentré en France, Fontanes était resté en correspondance avec son ami de Londres, qui le tenait au courant de tous ses projets. [...]

Cet épicurien[2] (comme je le définis) qui a l'imagination chrétienne, l'imagination catholique (*a*), nous révèle à demi ses espérances. Il va nous tracer le plan du *Génie du christianisme* tel qu'il le conçoit, tel qu'il le développera maintes fois en conversation ou par lettres en s'adressant à son ami, tel qu'il le lui fera corriger et refaire, aussitôt le retour en France[3]; car la première forme de l'ouvrage était incohérente, et le style en bien des endroits pouvait sembler rebutant. Ce plan est simple, pur, séduisant, irréprochable : c'est ainsi qu'à sa manière le critique aussi montre du génie. Tout critique qui aide la gloire du poète pourrait prendre pour devise : *Non sine me tibi partus honos*[4], comme le disait Tibulle s'adressant à Messala. C'est la consolation à la fois, et le seul orgueil du rôle secondaire★(2). [...]

Le grand écrivain était tout trouvé. Fontanes le connaissait, il l'avait deviné; mais il s'efforçait par ses conseils de

---

a) Et en effet qu'était-ce, après tout, que Fontanes et même Chateaubriand? *des Epicuriens qui avaient l'imagination catholique.* — Il y a des hommes qui ont ainsi l'*imagination* catholique indépendamment du fond de la croyance. Les pompes du culte, la solennité des fêtes, l'harmonie des chants, l'ordre des cérémonies, l'encens, le rayon mystérieux du sanctuaire, tout cet ensemble les touche et les émeut. — Il y en a d'autres qui (raisonnement à part) ont plutôt la *sensibilité* chrétienne. Une vie sobre, un ciel voilé, quelque mortification dans les désirs, une habitude recueillie et solitaire, tout cela les pénètre, les attendrit et les incline insensiblement à croire. J'en connais de cette sorte[5].

1. C'est-à-dire Paris. Les *Mémoires d'outre-tombe* ne donnent pas ces détails ; **2.** Fontanes était un bon vivant, mais, pour comprendre tout ce passage, il faut surtout se rappeler que les épicuriens sont athées et ne croient pas à l'immortalité de l'âme; **3.** Le retour en France de Chateaubriand; **4.** Tibulle, I, VII, 9 : « J'étais avec toi quand tu méritas cet honneur » (trad. Max Ponchont); Albius Tibullus (vers 50-19 av. J.-C.), poète élégiaque latin qui fut ami et protégé de l'homme politique et orateur M. Valerius Messala Corvinus; **5.** Sainte-Beuve pense à soi dans ces lignes. Remarquez qu'il n'est pas question de la foi, même dans la seconde partie de la note.

faire que ce jeune et grand écrivain eût toutes les qualités
et n'eût aucun des défauts de sa nature. [...] Fontanes veut
qu'on distingue ce qui est de la *religion* d'avec ce qui est
de la *morale ;* qu'on n'appuie jamais ses preuves que sur
des *faits non équivoques*. Il veut l'érudition exacte et la justesse
de l'esprit, nulle *déclamation,* une élévation et une sensibilité
sans faste et *sans effort*. En un mot, il touche à tous les points
délicats en critique sûr et en ami tendre.

Malgré les défauts qu'il ne sut pas tous éviter, l'ouvrage
de M. de Chateaubriand, à sa date, justifia suffisamment le
programme tracé par son ami; le poète s'inspira surtout là
où le critique avait désiré, et rendit le son qu'on demandait
de lui : « Après tant de dissertations et d'analyses, il sentit
qu'il fallait chanter, et il chanta (*a*). » [...]

Quel était donc, Messieurs, ce jeune émigré breton qui
entrait ainsi brusquement dans la gloire, et dont la première
apparition était un événement au lendemain de Marengo[1] ?
Il nous faut l'aborder et le connaître d'un peu près dans ses
origines et dans ce qui l'a préparé.

TROISIÈME LEÇON

François-*René* (et non Auguste) de Chateaubriand était
né à Saint-Malo le 4 septembre 1768, et non le 4 octobre,
jour de saint François, comme lui-même semblait le croire.
Quant à la date de l'année, il la mettait volontiers en 1769.
Cela veut dire qu'il se rajeunissait un peu, soit pour faire
coïncider sa naissance avec cette année 69, à laquelle on se
plaisait à rapporter plusieurs naissances illustres[2], soit tout
simplement pour se rajeunir. [...]

Je n'ai qu'à parcourir très-rapidement ces premières
années de Chateaubriand, dont vous lisez tous les matins la
peinture par lui-même (*b*) : nous avons là une autre édition
de *René*, tout aussi poétique sans doute, ou même (je le crois)
plus romanesque, mais aussi plus détaillée et avec des
circonstances réelles qui particularisent le récit. [...]

---

a) M. Vinet[3].

b) Les *Mémoires d'outre-tombe* paraissaient alors en feuilletons
dans *la Presse.*

1. 14 juillet 1800; 2. Napoléon est né le 15 août 1769; 3. *Alexandre-Rodolphe
Vinet* (1797-1847) : critique littéraire et théologien protestant suisse.

Le point le plus à noter, le détail le plus touchant et certainement le plus vrai de cette première enfance, de cette éducation si négligée et si dure, c'est l'affection bien délicate dont il s'unit en grandissant à la quatrième de ses sœurs[1]. [...] Je possède, par une autre source[2], des détails intimes sur cette sœur charmante; je vous en entretiendrai peut-être un jour. [...]

J'ai souvent pensé que les sœurs de grands hommes, d'hommes distingués, quand la nature les a faites les dignes sœurs de leurs frères, leurs égales par l'esprit et par le cœur (ce qui s'est vu plus d'une fois), se trouvent plutôt supérieures à eux à d'autres égards; elles se maintiennent plus aisément à la hauteur première. Je m'explique : — la nature, comme ici dans cette famille de dix enfants[3], produit un homme de génie, et elle crée en même temps un *génie-femme* comme Lucile : eh bien, le génie-femme sera ou restera plus volontiers supérieur et meilleur, moralement, poétiquement. Les hommes, à un certain jour, font leur métier d'hommes; ils sortent du nid paternel, ils se prennent à tous les buissons; la poussière du chemin les ternit; s'ils ne se perfectionnent beaucoup en avançant, ils se gâtent : cela arrive souvent. Les femmes, si elles restent ce qu'elles doivent être, gardent le foyer, et aussi, dans toute sa délicatesse, elles y gardent le culte de l'idée première, de l'idéal (s'il y a poésie); elles sont comme les prêtresses domestiques de cette chose sacrée que nous allons dissipant, dépensant, exploitant au profit souvent ou de notre ambition ou de notre amour-propre, de ce qu'on appelle la gloire. Elles restent fidèles avec religion, avec discrétion et mystère : elles ont en dépôt jusqu'à la fin et accroissent plutôt de leurs larmes le premier trésor. Ainsi fit Lucile en regard de René. On la définirait bien d'un mot : c'est le génie de son frère, dégagé de tout alliage d'auteur, de toute complication littéraire, mondaine, politique et vaine, le pur génie de Lucile avant qu'il ait revêtu ou après qu'il aura rejeté l'enveloppe mortelle*(1). [...]

Si nous osions pénétrer tout d'abord dans cette âme[4] jusqu'à prétendre en compter les mobiles essentiels, les éléments *(Tres imbris torti radios*[5]*)*, je les énumérerais ainsi,

---

1. *Lucile de Chateaubriand* (1764-1804); elle servit de modèle pour l'Amélie de *René*. Elle épousa un M. de Caud, eut de l'inclination pour Chênedollé et mourut folle; 2. Il s'agit de la correspondance de Lucile avec Chênedollé; 3. François-René était le dixième; 4. Celle de Chateaubriand; 5. « Trois rayons de grêle » (Virgile, *Enéide*, VIII, 429; trad. Bellessort).

en ne donnant la prédominance à aucun, et en les mettant tous sur la même ligne.

Ne trouvez pas, Messieurs, ce que je fais ici trop téméraire. Je parle de l'homme éminent qui fait le sujet de notre étude avec la même liberté que je parlerais de Gœthe ou de Byron. La postérité est venue, et l'examen véritable commence. L'admiration, en définitive, retrouvera son compte, mais nous tâcherons de ne la faire porter que sur les portions vraiment dignes d'être admirées.

Premier élément, la rêverie ou *l'ennui*. — La mère du Régent[1] disait de lui qu'il était *né ennuyé*. Combien cela est plus vrai à dire de M. de Chateaubriand! « Je crois, disait-il, que je me suis ennuyé dès le ventre de ma mère. » Il a comme engendré cet ennui incurable, mélancolique, sans cause, si souvent doux et enchanteur dans son expression, sauvage et desséchant au fond, et mortel au cœur, mortel à la bonne et saine pratique familière des vertus, — le *mal de René*, qui a été celui de tout notre âge, maladie morale qui, après avoir régné cinquante ans plus ou moins, et avec des variantes sans nombre, est aujourd'hui à peu près disparue, qui du moins n'est plus endémique, et qui a fait place à je ne sais quelles autres dispositions plus positives de la jeunesse, lesquelles ont bien aussi leur danger. Pareil aux fleuves *descendant du sein de Jupiter*, le voilà donc à sa source cet ennui qui va s'épancher à travers le monde, qui cherchera partout l'infini et l'indéterminé, le *désert*; qui le ferait autour de soi plutôt que de s'en passer, et qui appelle cela la poésie (*Ubi solitudinem faciunt*, POESIM *appellant*[2]) : — poésie en effet qui a révélé au poète qui nous occupe, et lui a inspiré de peindre, comme il n'a été donné à nul autre, la sublimité des grands horizons. L'étendue illimitée des savanes, l'infini du désert, de l'océan, et cet autre océan canadien (comme il l'appelle) tout de verdure et d'éternelles forêts, l'infini désolé et si plein de grandeur des campagnes romaines, l'infini du cœur et du dedans le plus vaste et, si l'on peut dire, le plus *irremplissable* de tous*(2).

Second élément, — comment dirai-je? comment l'appellerai-je? le culte de la *jeunesse* et de l'espèce de *délire*,

1. La Palatine, Charlotte-Elisabeth de Bavière ; 2. Au chapitre XXX de la *Vie d'Agricola* de Tacite, le Calédonien Calgacus, haranguant ses troupes à la veille d'un combat, disait des Romains : « ... *ubi solitudinem faciunt*, pacem *appellant*. » (Ils disent que la paix règne dans les lieux où ils ont fait le désert.) Sainte-Beuve a changé *pacem* en *poesim* (la poésie).

d'*illusion* romanesque qu'elle amène avec elle, et qui d'ordinaire avec elle aussi s'évanouit et disparaît. Cet idéal d'ivresse
qui est si bien peint dans le quatrième livre de *l'Enéide*[1],
dans *Atala*, dans l'épisode de *Velléda*, le poète dont nous
parlons le caressera et le rêvera jusqu'à la fin. Jusque sous
la première conception du *Génie du christianisme* et dans le
cadre de ses *Martyrs* (allez au fond), il avait introduit, en
la voilant, cette flamme profane et trop chère; il la portera,
il la couvera partout, et jusqu'au milieu des scènes et des
sujets les plus faits pour ramener à l'austérité simple. Elle
transpirera, je l'ai dit ailleurs[2], comme un parfum d'oranger
voilé. J'ai regret d'avoir à insister sur ce point, mais il est
essentiel; quand on fait une étude sur un homme considé-
rable, il faut oser tout voir, tout regarder, et au moins tout
indiquer. D'ailleurs, on parle beaucoup de décadence : je
crois en effet, à mon grand regret (et j'ai résisté tant que
j'ai pu à le croire), que la littérature est en pleine voie de se
corrompre; mais il faut voir en quel sens et comment. Car,
si l'on remonte surtout à une quarantaine d'années en arrière,
ce n'est pas une décadence tellement manifeste et tellement
déclarée; il importe d'en bien saisir les causes et les sources.
Ce n'est point parce qu'un écrivain de talent se permet une
expression plus ou moins hasardée pour rendre une nuance
de sa pensée, qu'une littérature est proprement en décadence : ce serait prendre les choses trop à la surface et par
l'épiderme. La vraie décadence, dans une littérature brillante et qui compte encore des talents puissants, prend sa
source dans le désaccord qu'il y a entre l'inspiration véritable
et le résultat apparent, dans le manque d'harmonie et de
vérité au sein des plus beaux ouvrages. Or, nous touchons
ici à l'une des causes de disparate et de désaccord les plus
intimes et les plus profondes.

[Et Sainte-Beuve montre que l'*Itinéraire* est un pèlerinage factice en racontant l'histoire que l'on trouvera dans *le Chateaubriand
romanesque et amoureux*, p. 95 du présent volume.]

— Dans la *Vie de Rancé*[3], ouvrage de sa vieillesse, et
où il avait moins la force de retenir son secret, il a trouvé
moyen de laisser échapper à tout instant les regrets les
plus profanes, le plus en contradiction avec l'austère sujet.

1. C'est le livre où sont racontées les amours de Didon et d'Énée; **2.** Dans
l'article du 15 avril 1834 (cf. p. 13); **3.** C. p. 13.

Il avait bu de bonne heure le philtre, et il n'a jamais voulu l'oublier. Ceux qui l'ont connu savent qu'il n'a jamais pu se consoler de vieillir, qu'il n'y a jamais consenti; il a pris la vieillesse comme un simple affront, et nul n'a mené si bruyamment le deuil de la fuite de la jeunesse; il était, à ce sujet, comme ces rois d'Asie qui, de colère, déchirent leurs vêtements *(a)*. Ce second élément, très-positif en lui, est celui que j'appellerai l'élément profane et païen. C'est *l'homme de désir*[1] au sens épicurien, — le désir prolongé et toujours renouvelé d'une Ève terrestre*(3).

Le troisième élément, qui nous est signalé par lui-même, et qui perce également dès son enfance, c'est *l'honneur;* il était bien important que celui-ci vînt s'introduire au plus tôt comme correctif à côté de ces deux autres éléments si dévorants et dissolvants, à côté de l'ennui immense et de cette disposition à chérir avant tout, à poursuivre le songe rapide, l'éclair du désir. L'honneur, qu'il a si bien défini et dont l'idée s'associe habituellement à son nom, il l'eut donc dès l'origine, il le conçut et l'embrassa de bonne heure : par là il fut véritablement de l'ancienne France, il garda quelque chose des anciens preux. Lui si différent à tant d'égards, il retint par cet anneau la tradition de ses pères,

---

a) Si nos pères regrettaient aussi de vieillir, combien c'était plus légèrement :

Ah! que vous m'ennuyez, Vieillesse!

soupirait Charles d'Orléans dans un gracieux rondeau. Ainsi l'on se plaignait à demi-voix jusqu'à Voltaire. Mais le ton a bien changé. Je ne sais qui a dit : « Le Temps nous frappe au visage, comme César à Pharsale ordonnait à ses vétérans de frapper au visage les jeunes chevaliers de Pompée. » M. de Chateaubriand, qui n'avait de beau que la tête, mais qui l'avait si belle, ne pardonna jamais au Temps de la lui avoir touchée et d'en avoir fait même une belle tête de vieillard. Il considérait comme un outrage singulier et personnel d'être atteint par le Temps. Humilié et indigné de vieillir, non moins que s'il eût été un demi-dieu, il avait un certain regard de colère, de douleur, de jalouse fierté, qu'il lançait à la jeunesse; ce n'était pas le *telum imbelle sine ictu*[2] de Priam, c'était encore la flèche d'Apollon[3]. [...]

1. *L'homme de désir* est le titre d'une des œuvres du mystique Saint-Martin (1743-1803) qui eut une grande influence sur Sainte-Beuve; **2.** Virgile, *Énéide*, II, 544 : « un trait sans force de sa main débile » (trad. Bellessort). Priam est le vieux roi de Troie; **3.** Au début de l'article, Sainte-Beuve avait reconnu que réellement, selon un mot de Mme Récamier, Chateaubriand était resté jeune fort longtemps.

et il se retrouva de leur sang par instinct dans chaque situation mémorable. Cette disposition de l'honneur, elle-même, est plus altière et scabreuse que stable et tout à fait assise : elle tient plus de compte de la gloire que de la vertu, et souvent participe plus de la générosité que de l'équité et de la justice. On est prodigue, libéral, plein d'éclat et de noblesse; on s'expose, on se sacrifie un moment; mais à ce prix on se passe bien des passions et tous ses caprices. Du moins il y a là un ressort puissant, quelque chose qui se révolte contre toute lâcheté, contre toute cupidité sordide, contre toute bassesse. Dans un temps dont M. Royer-Collard[1] disait : « L'abaissement éclate de toutes parts », il y a là du moins quelque chose qui ne vous rabaisse pas*(4).

Je crois, si l'on peut avoir un jugement formel en de telles analyses, que ce sont là les trois éléments essentiels, et tous les trois extrêmement aigus et vifs, qui composèrent cette personnalité si accentuée et si brillante de M. de Chateaubriand. Ajoutez-y ce vaste déploiement d'imagination, cette magie incomparable de plume qui lui fut donnée, et qui, au milieu de mille défauts choquants de goût, réussissait toujours à nous prendre; avec cela un esprit qui dans les jugements ordinaires (non pas toujours dans l'action) avait beaucoup de justesse et de positif; une amabilité et une sorte de naïveté de *bon enfant*, qui était réelle quand il voulait se la permettre, qui était rare et habituellement nulle quand on le voyait dans le monde, mais qu'on lui retrouvait par moments à l'improviste dans l'intimité : voilà un premier trait, une première ébauche de cette grande physionomie que ses ouvrages seuls n'expriment pas tout entière.

Mais on remarquera encore combien ces trois éléments sont tous les trois, si je puis ainsi parler, hasardeux, imprudents, et singulièrement propres, pour employer le langage de la chimie, à une combinaison *fulminante :* d'une part, l'ennui sauvage, avide, insatiable, comme base et comme fond; — d'autre part, sillonnant ce vague ennui, l'éclair idéal, électrique, du désir; — et l'honneur seul, l'honneur chevaleresque, pour tenir et maîtriser tout cela. Avec de tels coursiers à son char et un tel guide, on doit être tenté à tout moment de raser comme Phaëton le bord de l'abîme, [...] de chercher l'émotion et l'éclat, dût-on se briser et périr. On

1. *Pierre-Paul Royer-Collard* (1763-1845) : philosophe spiritualiste et homme politique doctrinaire.

est, en un mot, poussé à *jouer*, sur la moindre chance provocante, *le tout pour le tout*. Et voilà pourquoi, l'avouerai-je en passant ? j'ai toujours frémi quand j'ai vu des poètes, de vrais poètes, se prendre à la politique et prétendre à devenir nos pilotes*(**5**). [...]

[Sainte-Beuve reprend la biographie de Chateaubriand : le collège, Combourg, l'armée. Le voici à Paris en 1788.]

L'impression qui résulte des illustres *Mémoires* ne m'a jamais paru la plus exacte et la plus vraie sur cette époque de sa vie (*a*). En fait, le jeune officier fut beaucoup plus *homme de Lettres* alors ; il le fut plus sérieusement dès l'abord qu'il ne veut nous le sembler aujourd'hui. Pour s'en assurer, il suffit de lire ce qu'il disait sur les gens de Lettres de cette époque dans l'*Essai sur les révolutions :* on y trouve les vrais jugements qu'il portait sur eux*(**6**). [...]

Une remarque littéraire qui nous importe est celle-ci : M. de Chateaubriand avait commencé en 1788, si la Révolution n'était pas venue l'ajourner et l'interrompre, il serait évidemment entré dans le monde littéraire, comme disciple de Rousseau et des autres. Ses dix années d'éloignement et de malheur solitaire lui donnèrent le moyen de s'écarter, de prendre de l'espace, pour faire ensuite souche à part. [...]

---

a) Non pas, encore une fois, que ces *Mémoires* ne soient sincères, mais ils sont surtout poétiques et n'ont que ce genre de sincérité-là, — *une vérité d'artiste*. Or, l'artiste ici rend son émotion, son impression telle qu'il l'a au moment où il écrit, non pas toujours telle qu'il l'a eue dans le moment qu'il raconte. Il substitue à son insu ses impressions et ses effets d'aujourd'hui à ses sentiments d'autrefois. En voici un petit exemple que j'ai pu vérifier. Je lis dans une lettre de M. de Chateaubriand à Fontanes, datée d'Avignon, samedi 6 novembre 1802 : « J'arrive de Vaucluse[1] ; je vous dirai ce que c'est. Cela vaut sa réputation. Quant à Laure la bégueule et Pétrarque le bel esprit, ils m'ont gâté la fontaine. J'ai pensé me casser le cou *(tout comme au Niagara)* en voulant grimper sur une montagne où les voyageurs ne vont jamais, et où le guide a refusé de me suivre... » Eh bien, on n'a qu'à lire dans les *Mémoires d'outre-tombe* la page émue qu'il a écrite sur Pétrarque et sur Laure, en racontant après coup ce voyage. — Il n'y a de tout à fait vrai que ce qui est un témoignage presque involontaire échappé dans le temps même.

1. *Vaucluse :* village près d'Avignon, où se trouve une des principales sources de la Sorgue. Pétrarque a chanté cette fontaine dans ses poèmes dédiés à Laure de Noves.

QUATRIÈME LEÇON

[...] Aujourd'hui, c'est notre profit et notre plaisir d'étudier, de surprendre ce talent dans son développement intermédiaire et aux divers degrés de sa transformation. Les relations du *Voyage en Amérique*[1], et surtout l'*Essai sur les révolutions*, nous le livrent tout à fait dans sa *mue*. Il se forme à vue d'œil à mesure qu'il s'applique à ce dernier ouvrage, dont le second volume est bien supérieur au premier. L'auteur ne se décida cependant pour sa neuve et vraie manière qu'en juillet 1798, époque où la nouvelle de la mort de sa mère lui donna je ne sais quel ébranlement de tout l'être moral et détermina la dernière crise. Et encore, il ne reçut tout à fait le dernier poli qu'en 1800, à sa rentrée en France, sous l'œil et de la main de Fontanes. [...]

Le sentiment de la nature, et le pittoresque vrai qu'il produit, ne remontent pas très-haut dans notre littérature. On peut dire que les premiers grands exemples ne sont pas d'avant le milieu du dix-huitième siècle et datent seulement de Rousseau. [...]

Rousseau avait découvert et peint la nature alpestre, le jardin du Pays de Vaud, et les belles forêts de nos climats;

Bernardin de Saint-Pierre nous révéla le ciel et la végétation des îles de l'Inde;

Mais à Chateaubriand, le premier, échut le *vaste* du Désert américain, de la forêt transatlantique.

Ce fut sa grande conquête. Depuis il a su peindre en maître bien des cieux et des contrées, la campagne romaine, le rivage attique, la vallée du Jourdain : il a pu être plus parfait, plus correct de ligne qu'il ne l'avait été d'abord, plus classique : nulle part il n'a égalé ces premières pages de descriptions, celles que nous retrouverons dans *Atala*, pour la grandeur, l'étendue, la vivacité originale des impressions, la majesté toute naturelle des tableaux. C'est qu'au moment où il les écrivait, il sentait ces grands objets dans leur entière nouveauté et avec cette fraîcheur avide de l'âme, qu'on n'a qu'une fois. Il semble que le fond d'une âme d'artiste (même de celles qui ont, en apparence, le don de se renouveler plus d'une fois) soit avide d'un certain idéal

---

1. Année 1791. L'ouvrage fut publié en 1827.

inconnu, d'une certaine impression première : comme ces murailles préparées pour la fresque, elle boit aussitôt la première couleur, les premières images que la nature, ce grand peintre, y jette en courant. Plus tard on peut ajouter à ce fond; mais il domine, il persiste, on ne l'efface plus; et aucune couche nouvelle, si riche qu'elle soit, ne saurait le remplacer ni le recouvrir. Plusieurs années après, voyageant en Italie, M. de Chateaubriand rendait admirablement ce changement dans les impressions en face de la nature, cette sorte de *saturation* qui fait qu'on ne sent plus deux fois avec la même vivacité, avec le même développement et la même plénitude★(1). [...]

CINQUIÈME LEÇON

Que voulait, après tout, Chateaubriand dans cette pointe en Amérique, une fois son premier but du Pôle oublié[1] ? Il voulait faire ce qu'il a fait en tous ses voyages, obéir à l'instinct de migration, échapper au secret ennui, voir, changer, ravir en courant ce qu'il lui fallait de réalité pour peindre ensuite ses fonds de tableaux et pour décorer ses mondes. Il lui advint là, d'ailleurs, ce qu'il éprouva toute sa vie : à peine arrivé dans un lieu, l'ennui le reprenait, et il repartait aussitôt. Il harassait son guide, le grand Hollandais[2], comme plus tard en Grèce il mettra sur les dents domestique et janissaire[3], ne leur laissant pas un instant de repos, et menant les voyages comme la guerre, *brûlant le pays* comme on dit. Les figures romanesques, les chers fantômes qu'il promenait avec lui et qu'il commençait à animer d'une vie immortelle, nous les connaissons : lui d'abord, René, la grande et principale figure de ses tableaux; puis cette charmante Lucile, si poétique, si tendre, si mystérieuse, qu'il se plaisait à déguiser à peine dans le personnage d'Amélie[4], en lui prêtant ou en lui dérobant avec art des sentiments troublés; d'autres figures encore, dont il lui avait suffi d'entrevoir, en passant, quelques traits terrestres pour achever de les rêver et de les diviniser dans le monde idéal

---

1. Chateaubriand prétendait non pas atteindre le Pôle, mais découvrir la passe du Nord-Ouest (entre la baie d'Hudson et la mer de Béring); 2. Ce Hollandais fut son guide d'Albany au Niagara. Chateaubriand ne dit pas comment il le faisait enrager; 3. Soldat turc qui a été donné à Chateaubriand pour le guider en Grèce; 4. *Amélie :* héroïne de *René.*

de la poésie et de la passion, la douce Céluta, la fière Atala,
et aussi le vieux Sachem[1]. Une fois ces traits rapides saisis
avec flamme, que lui fallait-il encore ? revenir vite sur le
théâtre du monde, combiner, fixer dans une œuvre brillante
ces trésors nouveaux, en tirer parti pour la gloire; intéresser,
ravir, conquérir à sa manière cette société maudite qu'il avait
fuie un moment; se mettre en règle avec elle, lui payer la
dette de l'honneur, obéir en un mot à ces autres instincts
mondains non moins puissants chez lui que ceux du solitaire,
bien qu'alors moins déclarés*(1). [...]

[Chateaubriand, revenu d'Amérique à la nouvelle de l'arrestation
du roi à Varennes, rejoint l'armée des Princes. Il tombe malade
pendant la campagne de 1792, pense mourir et finit par passer en
Angleterre. Il y publie en 1797 son *Essai sur les révolutions*.]

Pour être juste [...], il convient d'abord de faire dans ce
livre deux parts : il en est une qui est celle encore de
l'écolier et du disciple, que l'homme non moins que l'écrivain dépouillera naturellement en avançant, et qu'il ne
faudrait pas lui imputer comme essentielle et propre. Ce
n'est, à parler franc, qu'une première gourme qu'il avait
à jeter. Mais cette part faite, il en est une autre qui est bien
celle de l'homme même, son fond de pensée et de nature
primitive, jusques et y compris son tour de talent et de
manière — ce que j'ai déjà appelé le *tuf*[2] —, son fond d'opinions qui se dissimulera souvent ensuite (et parfois à ses
propres yeux) dans des inspirations acquises et des excita-
tions passagères, mais qui persistera malgré tout et se retrouvera à chaque intervalle, surtout vers le soir de la vie. Le
commencement et la fin se rejoignent plus qu'on ne pense.
Ce jeune homme de l'*Essai*, chez M. de Chateaubriand, ce
sera un jour le *vieil homme**(2). [...]

L'*Essai* est un livre étrange et désordonné. Sous prétexte
d'écrire pour *lui* et pour *lui seul*, l'auteur y a tout mis, y a
versé pêle-mêle toutes ses pensées, toutes ses rêveries, toutes
ses lectures. J'y devine d'avance l'auteur des *Etudes historiques*, et ce procédé commode qu'il s'est trop permis, et
qui fait qu'à part les courtes œuvres de *René*, d'*Atala* et de
l'*Abencérage*, et le poëme des *Martyrs*, il n'a donné que des
pages et n'a plus composé d'ouvrage véritablement joint et

---

1. *Céluta* et *le Sachem* sont des personnages des *Natchez ;* 2. Le *tuf* est une
pierre poreuse qui se trouve sous la terre arable. Au figuré, c'est un naturel
caché sous des apparences trompeuses et parfois plus belles que lui.

consistant. On y reconnaît un talent inquiet, hardi, avide de toutes les questions, les abordant, les traitant un peu trop cavalièrement, à bâtons rompus, avec des éclairs perçants, ici et là, beaucoup de décousu, et l'absence totale d'unité; — un esprit vigoureux pourtant, capable en toute matière de fortes poussées, de vastes et rudes lectures, de ces esprits qui sont capables de *dévorer des pierres comme Saturne* (*a*). [...]

Il y a dans l'*Essai* un portrait parallèle des Français et des Athéniens, qui est une des pages remarquables, et que l'auteur a replacé depuis ailleurs en l'arrangeant : car c'est là un de ses procédés très-habituels, et plus faciles à celui qui écrit seulement des pages, et *par pages*, qu'à l'écrivain qui compose avec ensemble et méditation des ouvrages véritables. On a reproché à Delille[1] de ne pas faire des poèmes, mais seulement des morceaux : Chateaubriand, en grand, a fait trop souvent ainsi, et mérite ce même reproche; il fut de bonne heure dans le système des beaux morceaux; il a de ces chapitres *à tiroirs*, de ces pages à effet, qui ont pu passer d'un ouvrage dans un autre et servir indifféremment d'ornement à chacun, comme ces vases, ces surtouts ou dressoirs d'argent magnifiques, qui servent tantôt à la décoration du salon, tantôt à la pompe des festins, quelquefois même à l'autel. [...]

Il est déjà de cette génération (et on l'en peut saluer le chef [*b*]) qui sera sérieuse et grave à dix-neuf ans, qui n'aura pas la plaisanterie légère (il n'aura plus tard dans ses colères que l'ironie sanglante); il mène et introduit dans la vie cette nouvelle jeunesse, triste par tempérament et par choix, mélancolique et un peu *collet-monté* au *saillir*[2] de l'enfance (*c*); qui parlera des mystères de la vie avant d'avoir vécu, et qui tranche tout à fait par la solennité du ton en tous sujets avec l'ancienne jeunesse qui affectait plutôt le frivole. Il est le prince, a dit quelqu'un, de cette jeunesse qui n'a pas su être jeune, et qui, les années venues,

---

a) Expression de Montesquieu.

b) Avec Mme de Staël, qui partage la principauté à quelques égards.

c) « *Au saillir de mon enfance* et en l'aage de povoir monter à cheval... » (Philippe de Commynes, au début de ses *Mémoires*.)

1. *Jacques Delille* (1738-1813) : poète et traducteur; **2.** *Saillir :* sortir avec impétuosité (Littré). C'est un sens vieilli.

ne saura pas vieillir. Il a, d'ailleurs, bien assez d'autres qualités du Français tel qu'il le décrit, le brillant, le généreux, le glorieux; il a l'à-propos. Mais dans l'enveloppe, il gardera de la raideur. Après tout, c'est un *Breton* qui se distingue, par quelques traits originels reconnaissables, du *Français* proprement dit, un compatriote de Du Guesclin[1], petit de taille, disproportionné, avec des épaules hautes, une forte tête engoncée qui deviendra la plus belle en vieillissant, mais évidemment faite pour un autre corps, des manières un peu guindées (*a*), même quand elles se piquent d'être faciles et légères. Approchez cependant, regardez, surprenez cette grande physionomie au moment où elle ne pose pas, et où aucun trait commandé ne vient pincer et tirer la lèvre : quel sourire! M. Molé[2] dit qu'il n'a jamais vu de sourire plus aimable, ou du moins plus distingué, plus fin, que celui de Napoléon et celui de Chateaubriand. Mais ni l'un ni l'autre ne souriait tous les jours*(3). [...]

SIXIÈME LEÇON

[...] J'avoue que j'aime mieux ce Chateaubriand-là primitif et tout d'accord avec sa poésie, que celui qui se réconciliera plus tard avec la société, mais qui ne se réconciliera jamais qu'à demi. Car il va rentrer en France l'âme encore remplie de ses déserts, avec son imagination plus grandiose encore qu'aimable, et je ne sais quoi de gigantesque dans l'expression qui sortira à première vue du ton et du cadre français proprement dit. Puis peu à peu il s'y fera; il sera pris par la société et ses mille liens, par ses vanités, ses coquetteries, ses rivalités, ses irritations de toutes sortes; il s'y rapetissera, mais sans jamais s'y apprivoiser complètement. Il résultera de l'assemblage du civilisé et du raffiné avec ce sauvage à demi converti, et toujours prêt pourtant à reparaître, le plus singulier et le plus bizarre mélange,

---

a) Il y avait un Chateaubriand secret aussi lâché et débridé de ton que l'autre l'était peu, mais celui-là connu seulement d'un très petit nombre dans l'intimité.

1. Du Guesclin est né aux environs de Rennes; 2. *Louis Mathieu, comte Molé* (1781-1855) : orateur et homme d'État de la Restauration et de la monarchie de Juillet. Il avait été du cercle de Mme de Beaumont.

surtout quand le personnage politique, soi-disant monarchique, viendra recouvrir le tout, et que le mélancolique et l'éblouissant rêveur qui, au fond, méprisait et méprise tant encore (au moment où il s'y mêle le plus) les acteurs et les choses politiques, sera lui-même un des chefs de l'action, un des coryphées de la scène*(1). [...]

Et ceci nous fournit déjà le moyen de répondre à une question qui peut sembler embarrassante et que j'ai entendu poser. Un des hommes qui ont le plus connu M. de Chateaubriand jeune et avant qu'il eût pris sa double et triple écorce, M. Molé[1], me faisait remarquer avec beaucoup de justesse que cette destinée de Chateaubriand offre l'exemple peut-être unique de tout un temps qui se fait le complice et presque le *compère*[2] d'un écrivain; qui se prête au rôle emprunté que cet homme joue durant près de cinquante ans, et cela sans le démentir un seul instant et sans lui tirer le masque par aucun côté. Jamais le secret de la *tragédie* ne fut mieux gardé. Pour obtenir une telle concession de son époque, il faut avoir en soi un vrai prestige, et ce prestige est quelque chose dont on doit tenir compte avant tout en analysant le personnage qui l'a exercé à ce degré. Mais la vraie raison peut-être pour laquelle on n'a jamais tiré ce masque de Chateaubriand, c'est que lui-même avait sa sincérité et qu'il n'a jamais trop dissimulé que ce fût un masque, — un masque noble et qu'il prenait pour tel. Il était tellement sujet à se le tirer lui-même qu'on était plutôt tenté de le lui remettre, et de lui dire : « Mais il va tomber, prenez garde! restez donc dans ce beau rôle, restez-y tout entier; nous vous aimons, nous vous voulons comme cela! » On le traitait comme un acteur qu'on aime, et qui a un moment de mauvaise humeur. Voilà, selon moi, l'explication de ce jugement que j'ai cité, et de cet autre mot encore : « Chateaubriand est peut-être le seul écrivain de ce temps-ci qui ait pu porter le masque si constamment, sans que cette sorte d'hypocrisie[3] ait nui à sa dignité*(2). »

L'*Essai*, cet immense amas de matières premières, cette mine où nous découvrons pour ainsi dire couche par couche l'homme futur, nous révèle encore chez l'auteur une faculté de sensibilité et une puissance de souffrir qui subira bien

---

1. Cf. p. 38, note 2; 2. *Compère :* celui qui, sans qu'on le sache, est d'intelligence avec un escamoteur et aide à l'exécution des tours (Littré); 3. *Hypocrisie :* au sens étymologique, art de l'acteur.

des modifications par la suite et bien des altérations. Qu'on lise le chapitre intitulé : *Aux Infortunés :* au milieu de quelques formes déclamatoires et qui n'offensent que le goût, on y sent une profonde commisération, une sympathie vive et active pour ceux qui souffrent; c'est un de leurs semblables, un enfant du malheur qui veut apprendre aux autres à traverser moins douloureusement les mêmes sentiers. Il en vient aux moindres détails; il donne naïvement des *règles de conduite dans le malheur ;* il se reproche de n'en pas trouver d'assez efficaces. [...]

Ce sont de ces pages qui révèlent toute une âme première, une âme modeste qu'on aurait peine dans la suite à retrouver. Misère et infirmité de notre nature, que le peintre de Chactas et de René a lui-même si bien dénoncée! cette immense faculté de douleur qui rendait compatissant, — à force de se nourrir de soi et de s'exhaler au dehors, elle-même à un certain moment elle se sature ou s'épuise. On est encore sensible, mais d'une sensibilité rapide, d'une larme d'artiste et qui sèche aussitôt; on est sensible, mais sous forme vague d'*ennui,* ou sous forme d'*idéal,* en se croyant privilégié et hors du commun. Tandis que l'auteur de l'*Essai* disait en regardant un petit rayon tremblant dans une maison écartée du faubourg : « *Là, j'ai des frères* », René mélancolique, errant le soir dans une grande ville et « regardant les lumières qui brillent dans la demeure des hommes », se complaît à penser que sous tant de toits habités, *il n'a pas un ami.* On est devenu à peu près indifférent et impropre à tout ce qui est proprement l'objet et l'emploi naturel de l'affection humaine, et à quoi le cœur devrait savoir se prendre et s'enraciner durant les années de la maturité et jusqu'à la tombe. On est capable de s'irriter encore, de désirer violemment, de haïr, de combattre; on se passionne et l'on se pique à tous les jeux factices de l'ambition et de la société; mais on n'aime plus, on ne s'attache plus, on ne saigne plus véritablement; et, chose étrange et pénible à dire! ceux qui précisément dans leur jeunesse ont excellé à exprimer avec le plus d'accent la douleur n'en ont rien gardé pour eux — rien que sous la forme poétique, entendons-le bien —, mais non plus sous la forme simplement naturelle et humaine : ils ont dépensé leur dose par une autre voie. Concluons qu'il n'y a de vraie sensibilité, et tout à fait sincère, que celle qui est avant l'art et avant la gloire★(3). [...]

[Peu après la publication de son *Essai*, Chateaubriand reçoit à Londres une lettre de sa sœur, Mme de Farcy[1], qui lui annonce la mort de leur mère[2].]

Cette lettre, venue juste à un certain moment, détermina en lui une crise morale, et le ramena à la foi, dit-il, par la piété filiale. Il faut ajouter que Mme de Farcy, peu après cette missive funèbre, était morte elle-même, et que quand il reçut sa lettre, ce fut comme le message de deux morts. Il a confessé lui-même cette vive impression dans la préface du *Génie du christianisme :*

« Ma mère, après avoir été jetée à soixante-douze ans dans des cachots, où elle vit périr une partie de ses enfants, expira dans un lieu obscur, sur un grabat où ses malheurs l'avaient reléguée. Le souvenir de mes égarements répandit sur ses derniers jours une grande amertume; elle chargea, en mourant, une de mes sœurs de me rappeler à cette religion dans laquelle j'avais été élevé. Ma sœur me manda le dernier vœu de ma mère : quand la lettre me parvint au delà des mers, ma sœur elle-même n'existait plus[3]; elle était morte aussi des suites de son emprisonnement. Ces deux voix sorties du tombeau, cette mort qui servait d'interprète à la mort m'ont frappé : je suis devenu chrétien. Je n'ai point cédé, j'en conviens, à de grandes lumières surnaturelles; ma conviction est sortie du cœur : j'ai pleuré, et j'ai cru. »

Nous touchons ici à un point délicat, et nous l'aborderons avec franchise : la sincérité de cette page fut contestée dans le temps et depuis; les écrivains du parti opposé à M. de Chateaubriand, ceux avec qui il se mettait en hostilité ouverte à cette date de 1802, les mêmes qui l'avaient connu en 89, et à qui, dans son exil, il adressait son *Essai sur les révolutions* en le recommandant à leur plume, ces écrivains, qui n'étaient pas tenus à une extrême indulgence envers leur nouvel adversaire, le traitèrent un peu comme un converti intéressé et peu s'en faut comme un transfuge. Ils *hochèrent* la tête d'un air d'incrédulité à son récit. Ils se trompaient et n'entraient pas dans les mystères de cette âme ardente, de cette imagination passionnée, sensible par accès et toujours mobile. Voici la lettre écrite dans l'intimité par Chateaubriand à Fontanes, lettre que j'ai trouvée autre-

1. Julie-Marie-Agathe, le sixième enfant de René de Chateaubriand, née en 1763. Elle fut arrêtée en 1793 et relâchée en 1794. Elle mourut en 1799; 2. Mai 1798; 3. Il semble que la lettre de Mme de Farcy soit parvenue à Chateaubriand à la fin de 1798; Mme de Farcy était encore vivante à cette date.

fois dans les papiers de celui-ci[1], et qui n'était destinée qu'à lui seul; elle en dit plus que je ne pourrais. Le ton en est certainement étrange, le style exagéré; celui qui l'écrit en est encore sous l'empire de l'exaltation, mais la sincérité de cette exaltation ne saurait être mise en doute un moment :

Ce 25 octobre 1799 (Londres).

« Je reçois votre lettre, en date du 17 septembre. La tristesse qui y règne m'a pénétré l'âme. [...] Je viens encore de perdre une sœur (a) que j'aimais tendrement, et qui est morte de chagrin dans le lieu d'indigence où l'avait reléguée Celui qui frappe souvent ses serviteurs pour les éprouver et les récompenser dans une autre vie[2]. Oui, mon cher ami, vous et moi sommes convaincus qu'il y a une autre vie. Une âme telle que la vôtre, dont les amitiés doivent être aussi durables que sublimes, se persuadera malaisément que tout se réduit à quelques jours d'attachement dans un monde dont les figures passent si vite, et où tout consiste à acheter si chèrement un tombeau. Toutefois, Dieu qui voyait que mon cœur ne marchait point dans les voies iniques de l'ambition, ni dans les abominations de l'or, a bien su trouver l'endroit où il fallait le frapper, puisque c'était lui qui en avait pétri l'argile et qu'il connaissait le fort et le faible de son ouvrage. Il savait que j'aimais mes parents et que là était ma vanité : il m'en a privé afin que j'élevasse les yeux vers lui. Il aura désormais avec vous toutes mes pensées (b). Je dirigerai le peu de forces qu'il m'a données vers sa gloire, certain que je suis que là gît la souveraine beauté et le souverain génie, là où est un Dieu immense qui fait cingler les étoiles sur la mer des cieux comme une flotte magnifique, et qui a placé le cœur de l'honnête homme dans un fort inaccessible aux méchants (c). » [...]

Maintenant nous sommes tranquilles, ce me semble : l'auteur du *Génie du christianisme* nous a dit vrai, suffisam-

---

a) Mme de Farcy. Il semble par là que la coïncidence de cette mort avec celle de sa mère n'ait pas été aussi exacte qu'il l'a présentée tout à l'heure, et que le coup des deux morts ne lui soit pas arrivé en même temps : *Cette mort qui servait d'interprète à la mort...* Toujours, jusque dans la douleur, un peu d'arrangement.

b) *Il aura désormais avec vous...* Dieu et Fontanes mis sur la même ligne : singulière association !

c) Il parle dans cette lettre du même ton que dans son livre, tout aussi solennellement.

1. Sainte-Beuve avait publié les œuvres de Fontanes, et en travaillant il avait bien « trouvé » cette lettre, mais n'avait pas été autorisé par la comtesse de Fontanes à la publier; 2. Cette phrase n'est pas claire : Julie de Farcy ne mourut ni à l'hôpital ni en prison.

ment vrai dans sa préface, et ce livre a été entrepris en effet et en partie exécuté sous le genre d'inspiration qu'il exprime et qu'il tend à consacrer. C'est là ce qu'il importait de constater avant tout. Il est trop certain que, dans une nature mobile comme celle de M. de Chateaubriand, cette inspiration première n'a point persisté autant qu'il l'aurait fallu pour l'entière efficacité de sa mission et même pour l'entière convenance de son rôle. Il est le premier à nous l'avouer, et il y aurait mauvaise grâce à le trop presser là-dessus : « Quand les semences de la religion, dit-il en un endroit de ses *Mémoires*, germèrent la première fois dans mon âme, je m'épanouissais comme une terre vierge qui, délivrée de ses ronces, porte sa première moisson. Survint une bise aride et glacée, et la terre se dessécha. Le Ciel en eut pitié, il lui rendit ses tièdes rosées ; puis la bise souffla de nouveau. Cette alternative de doute et de foi a fait longtemps de ma vie un mélange de désespoir et d'ineffables délices[1]. » Otez les images, allez au fond, et vous obtenez l'entier aveu : *Habemus confitentem*[2]... Que nous faut-il de plus ? [...]

M. de Chateaubriand a cru *un moment*, et c'est à ce moment qu'il a entrepris et ébauché le premier plan de son livre : voilà pour nous l'essentiel, ce qui prouve sa sincérité, là seulement où nous avons droit de l'interroger et de l'atteindre, — sa sincérité, je ne dis pas de fidèle (cet ordre supérieur et intime nous échappe), mais sa sincérité d'artiste et d'écrivain. La lettre à M. de Fontanes qu'on vient de lire, écrite dans le feu de la composition du *Génie du christianisme*, est évidemment celle d'un homme qui croit à sa manière, qui prie, qui pleure —, d'un homme qui *s'est mis à genoux* avant et après pour parler le langage de Pascal★(4).

SEPTIÈME LEÇON

[...] M. de Chateaubriand rentra en France au printemps de 1800 ; le naufragé aborda au rivage en tenant son manuscrit à la main, comme Camoëns[3]. Ou plutôt, pour parler

1. *Mémoires d'outre-tombe*, IVe partie, liv. V (Ed. Biré, VI, 177). A Wurtzbourg, revenant d'une visite à Charles X, Chateaubriand entre dans une église et regrette de ne pas être moine à Rome (1833) ; 2. « Nous avons ses aveux » (Cicéron, *Pro Ligario*, I, 2) ; 3. *Louis de Camoëns* (1525-1579) : poète portugais, auteur des *Lusiades*. Il fit naufrage au retour des Indes, où il avait composé son poème.

prosaïquement, comme l'impression de son ouvrage avait été
déjà commencée à Londres, il rapportait avec lui les *bonnes
feuilles*[1] tirées, et comptait achever le reste à Paris. Mais il
reçut de ses amis de France des conseils si délicats qu'il
résolut de détruire ce qui était déjà imprimé, et de revoir,
de refondre le tout. Il sentit, comme il l'a dit justement,
qu'*on n'écrit avec mesure que dans sa patrie.*

Quels étaient les amis de France qui eurent sur lui tout
d'abord une influence si directe et si heureuse? Je les ai
déjà nommés, et j'aurai à les montrer d'un peu plus près
encore.

M. de Chateaubriand avait, nous le savons, un tendre ami,
Fontanes[2]; cet ami était intimement lié avec M. Joubert[3];
M. Joubert l'était avec Mme de Beaumont[4], cette charmante
fille de M. de Montmorin, qu'il nous a si bien fait connaître.
L'initiation entre eux tous fut prompte et vive; la petite
société de la Rue-Neuve-du-Luxembourg naquit à l'instant
dans toute sa grâce.

Il y avait à cette époque (1800-1803) divers salons renais-
sants, les cercles brillants du jour, ceux de Mme de Staël,
de Mme Récamier[5], de Mme Joseph Bonaparte[6], des reines
du moment, non pas toutes éphémères, quelques-unes
depuis immortelles! Il y avait les cercles réguliers qui
continuaient purement et simplement le dix-huitième siècle,
le salon de Mme Suard[7], le salon de Mme d'Houdetot[8] :
les gens de Lettres y dominaient, et les philosophes. Il allait
y avoir un salon unique qui ressaisirait la fine fleur de l'ancien
grand monde revenu de l'émigration, le salon de la princesse
de Poix[9]; si aristocratique qu'il fût, c'était pourtant le plus
simple, le plus naturel à beaucoup près de tous ceux que
j'ai nommés : on y revenait à la simplicité de ton par l'extrême
bon goût. Mais le petit salon de Mme de Beaumont, à peine
éclairé, nullement célèbre, fréquenté seulement de cinq ou
six fidèles qui s'y réunissaient chaque soir, offrait tout alors :

1. Ce sont les feuilles définitives qui formeront le livre, mais non encore
brochées; **2.** Cf. p. 25, note 5; **3.** *Joseph Joubert* (1754-1824) : philosophe
spiritualiste; **4.** *Pauline de Montmorin-Saint-Hérem, comtesse de Beaumont*
(1768-1803) : elle tient une grande place dans les *Mémoires d'outre-tombe* ;
en 1802, elle habitait rue Neuve-du-Luxembourg, près de la place Vendôme
(actuellement rue Cambon); **5.** Cf. p. 13, note 1; **6.** Julie Clary; **7.** Elle
était sœur du libraire Panckoucke (1750-1830); **8.** *Elisabeth-Françoise-Sophie
de La Live de Bellegarde, comtesse d'Houdetot* (1730-1813) : elle fut aimée de
Jean-Jacques Rousseau au temps où il écrivait *la Nouvelle Héloïse*, mais resta
fidèle au poète Saint-Lambert; **9.** Belle-mère de la future héroïne du *Dernier
Abencérage*, Mme de Noailles.

c'était la jeunesse, la liberté, le mouvement, l'esprit nouveau comprenant le passé et le réconciliant avec l'avenir.

Tandis que le jeune écrivain travaillait courageusement à corriger son œuvre sous l'œil de ses amis, il débuta dans la publicité en brisant une lance, assez peu courtoise, il faut le dire, contre Mme de Staël, que la célébrité lui désignait comme sa grande rivale du moment. M. de Fontanes, dans des articles du *Mercure*[1] qui avaient fait éclat, avait critiqué et raillé l'ouvrage de Mme de Staël sur la *Littérature*. [...] Dans une lettre écrite à son ami, mais destinée au public, et qui fut en effet imprimée dans *le Mercure* (a), il prit à partie la doctrine de la *perfectibilité*[2] en se déclarant hautement l'adversaire de la philosophie. Sa lettre était signée *l'Auteur du « Génie du christianisme »*. Ce dernier ouvrage, très-annoncé à l'avance, était déjà connu sous ce titre avant de paraître. J'ai regret de le dire, mais l'homme de parti se montre à chaque ligne dans cette lettre. Nous n'avons plus affaire à ce jeune et sincère désabusé qui a écrit l'*Essai* en toute rêverie et en toute indépendance, y disant des vérités à tout le monde et à lui-même, et ne se tenant inféodé à aucune cause : ici il se pose, il a un but, et le rôle est commencé. [...] Il n'était pas de la générosité de M. de Chateaubriand de mettre la main en cette affaire et de se tourner du premier jour contre celle que la célébrité n'allait pas garantir de la persécution[3]. Enfin il fut homme de parti, c'est tout dire. [...]

Mme de Staël oublia du reste complètement la *petite blessure*. [...]

Mais auprès d'elle on oublia moins, et pour initier à toute la vérité sur ces relations réelles et sur l'antagonisme d'esprit des principaux groupes littéraires d'alors, je produirai ce passage d'une lettre de Benjamin Constant[4] à Fauriel[5], écrite de Paris au printemps de 1802, c'est-à-dire

---

a) Numéro du Ier nivôse an IX (décembre 1800).

1. *Le Mercure de France* ; 2. Le mot est en italique parce qu'il est un néologisme qui date de la fin du XVIIIe siècle et qui fut admis par l'Académie en 1835 seulement. L'idée que l'esprit humain progresse comme tout est une des principales thèses de l'ouvrage de Mme de Staël ; c'est la thèse des Modernes reprise par les philosophes du XVIIIe siècle ; 3. Mme de Staël, qui était libérale, fut exilée par Napoléon à quarante lieues de Paris (1803), puis hors de France (1810) ; 4. Cf. p. 24, note 7 ; 5. *Claude-Charles Fauriel* (1772-1844) : critique et historien.

au moment où le *Génie du christianisme* venait de paraître :

« Pour me distraire des autres folies, écrivait Benjamin Constant, je lis Chateaubriand. Il est difficile, quand on tâche pendant cinq volumes de trouver des mots heureux et des phrases sonores, de ne pas réussir quelquefois; mais c'est la plupart du temps un galimatias double[1]; et dans les plus beaux passages il y a un mélange de mauvais goût, qui annonce l'absence de la sensibilité comme de la bonne foi. Il a pillé les idées de l'ouvrage sur la *Littérature* dans tout ce qu'il dit sur l'allégorie, sur la poésie descriptive et sur la sensibilité des Anciens, avec cette différence que ce que l'auteur de ce dernier ouvrage attribue à la perfectibilité, il l'attribue au Christianisme. Ce plagiat ne l'a pas empêché de faire des allusions très-amères; et à leur tour ces allusions ne l'ont pas empêché de croire que c'était un devoir d'amitié que de le protéger et même de le louer (a). »

Quant à Mme de Staël même, elle louait volontiers, je l'ai dit, le jeune auteur et s'intéressait à lui avec cette curiosité émue et sincère qu'elle mettait à tout. [...] Quand le *Génie du christianisme* eut paru, elle écrivait en envoyant à l'un de ses amis (b) les volumes de la part de l'auteur : « M. de Chateaubriand me charge de vous envoyer son livre.

---

a) Ceux qui prennent plaisir à comparer ce qui se dit dans les *aparté* des coulisses avec ce qui se débite avec pompe sur le devant de la scène, n'ont qu'à chercher à la suite du *Congrès de Vérone*[2] une lettre écrite par Benjamin Constant à Chateaubriand, à qui il venait d'adresser son ouvrage sur la *Religion* (31 mars 1824) : « Monsieur le Vicomte, je remercie votre Excellence de vouloir bien, quand elle le pourra, consacrer quelques instants à la lecture d'un livre dont, j'ose l'espérer, malgré des différences d'opinion, quelques détails pourront lui plaire... Vous avez le mérite d'avoir le premier parlé cette langue, lorsque toutes les idées élevées étaient frappées de défaveur, et si j'obtiens quelque attention du public, je le devrai aux émotions que le *Génie du christianisme* a fait naître, et qui se sont prolongées parce que la puissance du talent imprime des traces ineffaçables... Votre Excellence[3] trouvera dans mon livre un hommage bien sincère à la supériorité de son talent et au courage avec lequel elle est descendue dans la lice, forte de ses propres forces, etc.*(1). »

b) M. Fauriel.

---

1. *Galimatias double :* galimatias inintelligible et à celui qui le fait et à celui qui l'écoute. Cette expression est attribuée à Boileau (Littré); 2. Opuscule de Chateaubriand publié en 1838. Le congrès de Vérone (1822) fut le congrès de la Sainte-Alliance, où fut décidée l'expédition d'Espagne, par les efforts de Chateaubriand; 3. Chateaubriand est encore ministre à cette date.

Vous en serez surpris en mal et en bien; c'est du moins l'effet qu'il a produit sur moi... (a) » *René* était sans doute ce qui la surprenait *en bien* dans le *Génie du christianisme*, et elle le préférait sous ses orages et dans son éclair à des inspirations plus douces, à celles même de la ravissante idylle de Bernardin de Saint-Pierre. Telle est la vérité, dégagée de tous voiles complaisants[1]*(2).

Atala, ou *les Amours de deux sauvages dans le désert,* parut avec le printemps de 1801[2]. [...] Il pourra sembler singulier que, pour se rendre compte de l'effet que devait produire un livre dont le sujet et le titre étaient le *Génie du christianisme,* on choisît un roman, une histoire d'amour; mais enfin, comme l'expérience réussit à merveille, il faut bien croire qu'il y avait à cela d'excellentes raisons résultant des circonstances d'alors et du tour que prennent aisément les choses, même les plus graves, en cet heureux pays de France*(3). [...]

Nous saisissons ici, au milieu de la pompe et de la magnificence, le défaut de l'auteur, qui a le don, le talent, mais aussi la manie de grouper. Il groupe, dans cette vie de Chactas, des circonstances extraordinaires et disparates, ou du moins trop éloignées et trop singulières pour que leur assemblage puisse paraître naturel. [...]

Ce Chactas qui a assisté aux pièces de Racine est du même ordre que ces ours enivrés de raisin, qui chancellent

---

a) Elle ajoutait, il est vrai, en *post scriptum :* « M. de Chateaubriand a un chapitre intitulé : *Examen de la Virginité dans ses rapports poétiques ;* n'est-ce pas trop compter, même dans ces temps malheureux, sur le sérieux des lecteurs ? » Ce chapitre la chiffonnait particulièrement. Mme Récamier la trouva un matin tenant un volume du *Génie du christianisme* tout fraîchement paru : « Vous me voyez désolée, lui dit Mme de Staël, ce pauvre Chateaubriand va se couvrir de ridicule; son livre va tomber. » Et elle cita ce même chapitre si singulier de texte et de titre. Elle ne voyait pas que ces défauts de goût seraient recouverts et rachetés par l'effet de l'ensemble, et que cet effet enlèverait tout.

Si M. de Chateaubriand s'était monté la tête à lui-même, il était de ceux qui la montent aussi à leurs lecteurs. Ces écrivains *monteurs de têtes* réussissent particulièrement chez nous.

1. Dans son article sur *Mme de Staël* de mai 1835 (*Portraits de femmes*), Sainte-Beuve avait essayé de démontrer que Chateaubriand et Mme de Staël n'étaient pas ennemis; **2.** 17 mai 1801.

sur les branches des ormeaux[1]. Sans doute c'est possible; il est même certain que ce dernier accident arrive pour des ours de petite espèce qui sont dans les forêts de l'Amérique du Nord, qui aiment le raisin, qui s'enivrent, et qu'on prend de cette façon. Mais l'auteur, en n'expliquant pas la chose, en ne la réduisant pas à ce qu'elle est dans la réalité, mais en la forçant à plaisir, en nous donnant à croire que ce sont de gros ours, des ours *ordinaires*, qu'on voit *ordinairement* dans cette position de buveurs chancelants au haut des branches, et qui font perspective habituelle à l'extrémité des avenues, s'est heurté à l'invraisemblable; de même quand il nous donne à entendre que le Sauvage Chactas a été l'hôte *familier* de Fénelon et a goûté comme *familières* les beautés de Bossuet ou de Racine, il passe toutes les bornes et nous avertit que nous sommes dans le fictif et le composite. Même dans le poème, j'aimerais plus de vérité. [...]

Les critiques qu'on a faites des premières pages d'*Atala*, quant au peu de fidélité du dessin et des couleurs, nous démontrent que l'auteur n'a pas cherché l'exactitude pittoresque réelle; qu'après une vue générale et rapide, il a remanié d'autorité ses souvenirs et disposé à son gré les riches images, réfléchies moins encore dans sa mémoire que dans son imagination; qu'il ne s'est pas fait faute de transporter à un fleuve ce qui est vrai d'un autre, de dire du Meschacebé[2] ce qui serait plus juste de l'Ohio, d'inventer en un mot, de combiner, d'agrandir; il a fait acte de poète et de créateur (a). Ses amis de 1800 avaient raison de dire de lui à cet égard : « Chateaubriand peint les objets comme il les voit, et il les voit comme il les aime. » Il faut bien certes accorder quelque chose à la magie du talent. L'imagination des grands poètes et peintres est comme un lac où les objets naturels se réfléchissent, mais où ils se réfléchissent

---

a) Les poètes ne font guère autrement; et Lamartine, à sa manière, n'a fait autre chose, dans certains paysages alpestres de *Jocelyn*, qu'assembler des contrastes et des impossibilités que savent dénoncer au premier coup d'œil les personnes habituées à la vie des montagnes.

1. Allusion à un passage d'*Atala* ; **2.** Ancien nom du Mississippi. Pour discerner ce que Chateaubriand a vu en Amérique, ce qu'il a plagié et ce qu'il a imaginé, voir Gilbert Chinard, *l'Exotisme américain dans l'œuvre de Chateaubriand*, Paris, Hachette, 1918, in-16.

avec quelques conditions nouvelles qu'ils n'ont pas strictement dans la réalité.

Voilà ce qu'il faut se dire toutes les fois que l'on considère
les tableaux de la nature réfléchis dans une imagination ou
une sensibilité d'artiste; ce n'est pas un miroir parfaitement
uni et simple, c'est toujours un miroir plus ou moins
enchanté. Qu'il le soit du moins de manière, en nous émer-
veillant, à ne pas trop forcer les vrais rapports, et à paraître
respecter ces douces harmonies naturelles qui ne sont enne-
mies ni de l'éclat ni de la grandeur.

La nuance que j'ose désirer peut paraître subtile, mais
elle n'est pas vaine; j'en ai pour garants les plus grands des
noms de poètes restés chers à la mémoire des hommes : je
voudrais qu'on pût dire du talent qu'il est un *enchanteur*
toujours, et jamais un *imposteur**(4).

Les images chez M. de Chateaubriand sont belles, écla-
tantes, grandioses, mais elles concourent souvent à former
un groupe un peu raide et un peu factice à la manière de
la peinture de l'Empire, à la manière des groupes de David[1]
ou de ce Girodet[2] qui a si bien traduit aux yeux Atala. La
nature se groupe aussi, mais moins artistement, avec des
formes et dans des poses d'un relief moins accusé; s'il faut
presque toujours que l'art intervienne pour accomplir ce
qui n'est que commencé et épars dans la nature, s'il faut
qu'il lui prête un peu la main pour mieux détacher le
tableau, il ne faut jamais qu'il lui prête *main-forte*, pour
ainsi dire. Le coup de ciseau qui achève la statue naturelle
doit être délicat et souvent insensible**(5). [...]

HUITIÈME LEÇON

Il y a dans le langage de Chactas, à la fois des prétentions
au style sauvage et des réminiscences singulières de l'homme
civilisé. Au reste c'est là le défaut du genre, et c'est une
concession qu'il faut faire une fois pour toutes à l'auteur.
Atala pourrait se définir un drame de *caractère*[3] exécuté

1. *Jacques-Louis David* (1748-1825) : peintre de Napoléon *(la Cérémonie du
sacre, la Distribution des aigles)* ; 2. *Girodet-Trioson* (1767-1824). Ses *Funérailles d'Atala* sont célèbres: c'est un tableau assez théâtral. Il est aussi l'auteur
d'un portrait de Chateaubriand (voir p. 2); 3. C'est-à-dire un drame dont le
sujet est l'étude du caractère d'un des personnages (ex. : *l'Avare*).

par des personnages en qui la couleur locale est un peu
une convention. [...]

Il y aura à tout moment dans ce récit un travestissement,
un rajeunissement en Sauvage, des pensées, des sentiments,
des choses tendres et gracieuses qui commencent à s'user
si on leur laisse leur expression civilisée : c'est comme une
beauté trop connue qui se déguise pour reparaître nouvelle
et plus piquante. Il y a, en un mot, dans *Atala* de l'Homère
et du Théocrite traduits en siminole[1]. Pour opérer une telle
transposition avec charme, il fallait une imagination à la fois
forte et souple, capable de soutenir la gageure sans trahir la
gêne. M. de Chateaubriand y a réussi à ravir, de manière
par moments à enchanter et à mériter qu'on l'applaudisse :
je dis *qu'on l'applaudisse* à dessein, car on sent le jeu, même
quand on est séduit et charmé★(1). [...]

[Le portrait d'Atala appelle les mêmes remarques.]

Voilà bien des critiques et j'en ferai peut-être encore en
continuant. Eh bien! tel est le charme, telle est la puissance
du talent que, toutes ces choses dites et sues à l'avance, on
est enlevé malgré soi, entraîné, enivré en relisant *Atala*.
J'ai voulu relire tout à côté *Paul et Virginie*. [...] Eh bien!
malgré tout, Atala gardait non pas son charme (c'est un
mot trop doux et que j'aime mieux laisser à Virginie),
mais son ascendant troublant; au milieu de toutes les
réserves qu'une saine critique oppose, la flamme divine
y a passé par les lèvres de Chactas ou de l'auteur, qu'importe? il y a de la grandeur même dans la convulsion.
L'orage du cœur y vibre et y réveille les échos les plus
secrets. On y sent le philtre, le poison qui, une fois connu,
ne se guérit pas; on emporte avec soi la flèche empoisonnée
du désert★(2).

NEUVIÈME LEÇON

Nous continuons notre lecture d'*Atala*. Savoir bien lire
un livre en le jugeant chemin faisant, et sans cesser de le
goûter, c'est presque tout l'art du critique. Cet art consiste
encore à comparer, et à bien prendre ses points de compa-
raison : ainsi, à côté d'*Atala*, lire *Paul et Virginie* et *Manon*

---

1. Les *Siminoles* sont une des peuplades indiennes dont il est question dans
Atala.

Lescaut[1] ; — à côté de *René* lire *Obermann*[2] et *le Lépreux*[3] ; — à côté des *Martyrs* lire *l'Odyssée*, *Télémaque* et Milton. Faites cela, et laissez-vous faire. Le jugement résultera tout naturellement en vous et se formera de votre impression même.

Le principal mérite d'un guide en matière de goût est de bien choisir ses points, et de mettre chacun à même de juger comme lui. C'est là toute mon ambition aujourd'hui dans ces conversations où je parle seul, mais où j'aime à croire que la pensée de plus d'un me répond (1).

Je n'analyserai pas *Atala* page par page; c'est un livre trop facile à lire, et trop difficile à analyser. Je courrai seulement à travers, relevant au passage quelques traits. [...]

« La nuit était délicieuse. Le Génie des airs secouait sa chevelure bleue, embaumée de la senteur des pins, et l'on respirait la faible odeur d'ambre qu'exhalaient les crocodiles couchés sous les tamarins des fleuves. La lune brillait au milieu d'un azur sans tache, et sa lumière gris de perle descendait sur la cime indéterminée des forêts. »

Est-il besoin d'indiquer cet effet magique d'harmonie qui rend l'effet de lumière vague et d'ombre : *sur la cime indéterminée des forêts ?* Plus loin il dira, rendant également le vague de l'étendue par le vague des sons : « Le désert déroulait maintenant devant nous ses solitudes démesurées. »

Remarquons aussi ces expressions créées : *Sa chevelure bleue, embaumée de la senteur des pins...* Quand on en est là en prose dans une littérature, on est arrivé à saisir aussi près que possible et à égaler les nuances pittoresques les plus indéfinissables : il n'y a plus un seul progrès à faire qui ne soit un excès.

Et plus loin, parlant toujours des promenades à deux dans ces solitudes enchantées, il montre Atala s'appuyant sur sa foi religieuse pour l'opposer au torrent des passions, « lorsque, dit-il, tout les favorise, et le secret des bois et l'absence des hommes, et la fidélité des ombres ». La *fidélité des ombres*, c'est encore ce que j'appelle une expression créée, — un reflet moral mêlé dans une même teinte et faisant nuance avec l'obscurité qu'il s'agissait de peindre.

1. Tome VII des *Mémoires et aventures d'un homme de qualité qui s'est retiré du monde* (1731), par l'abbé Prévost; 2. Par Sénancour (1804); 3. *Le Lépreux de la cité d'Aoste*, par Xavier de Maistre (1811).

Cette création dans l'expression est particulière à M. de Chateaubriand, et aussi à Bernardin de Saint-Pierre; ce sont les premiers dans notre littérature qui s'en soient avisés expressément. Si grands peintres que puissent paraître Jean-Jacques et Buffon, je ne leur trouve pas cette qualité originale à un haut degré. Ils ont l'expression large, simple, naturelle ou pompeuse, qui répond à son objet, mais une expression générale; ils ne se donnent pas beaucoup de peine pour entrer dans les nuances et pour exprimer les reflets*(2). [...]

Chactas cependant ne peut rien comprendre aux contradictions d'Atala qui l'aime et le repousse, qui l'enchante et le désole sans cesse. La scène de l'orage va lui livrer la clé de ce cœur combattu. Sous les coups redoublés du tonnerre, à la lueur des pins embrasés, Atala lui raconte son histoire. [...] La beauté de la scène (et elle est grande) se retrouve tout entière dans la situation, dans l'immensité de l'orage et de l'incendie, dans la résistance, motivée ou non, d'une simple et fragile mortelle, dans ce cri de Chactas qui est plutôt déjà celui de René, celui de tout cœur malade et ulcéré qui se retourne et cherche ses représailles contre le Ciel :

« Pompe nuptiale, digne de nos malheurs et de la grandeur de nos amours : superbes Forêts qui agitiez vos lianes et vos dômes comme les rideaux et le ciel de notre couche, Pins embrasés qui formiez les flambeaux de notre hymen, Fleuve débordé, Montagnes mugissantes, affreuse et sublime Nature, n'étiez-vous donc qu'un appareil préparé pour nous tromper, et ne pûtes-vous cacher un moment dans vos mystérieuses horreurs la félicité d'un homme! »

Telle est dans toute sa franchise, dans tout son blasphème, l'inspiration qui se peut dire infernale et satanique; mais elle ne se produit ailleurs qu'à demi voilée et comme dans un faux jour, en se mêlant frauduleusement à un rayon d'en haut. Nous le retrouverons dans *René*, dans *Velléda*. C'est elle qui s'élance du sein de l'orage dans *Atala*, et qui, autant que l'imagination descriptive du début, répand sur ce petit poème la grandeur. [...]

Les paroles d'Atala mourante sont d'ailleurs animées d'un sublime délire de passion; elles répondent en beauté, en énergie brûlante, au cri que Chactas a poussé tout à l'heure dans la forêt : « Quel dessein n'ai-je point rêvé? quel songe n'est point sorti de ce cœur si triste?... » Et tout ce qui suit, où s'exhale ce vœu forcé d'un bonheur à tout prix, même à travers l'anéantissement de Dieu et du monde. [...]

DIXIÈME LEÇON

[...] Chaque langue a son génie, sa portée, ses limites; il est périlleux d'en vouloir déplacer le centre, d'en oser transférer la capitale, fût-on Constantin[1]. Chateaubriand a un peu fait comme ce grand empereur qu'il a célébré : il a transporté le centre de la prose de Rome à Byzance, et quelquefois par delà Byzance, — de Rome à Antioche ou à Laodicée[2]. C'est de lui que date dans la prose française le style bas-empire. Ce style a bien du brillant, et ajoutons que, manié par une forte imagination, il est loin d'être sans grandeur : le style de saint Augustin n'est autre que du style bas-empire. Mais quand on en est là, le pur style romain est à jamais perdu, et le retrouvât-on par hasard en écrivant, il paraîtrait désormais trop nu et trop simple. En un mot, la capitale d'une langue, ainsi rejetée à une extrême frontière, est bien voisine des Barbares*(1). — Nous reprenons les funérailles d'Atala. [...]

« Cependant une barre d'or se forma dans l'orient. Les éperviers criaient sur les rochers, et les martres rentraient dans le creux des ormes : c'était le signal du convoi d'Atala. Je chargeai le corps sur mes épaules; l'ermite marchait devant moi, une bêche à la main. Nous commençâmes à descendre de rocher en rocher; la vieillesse et la mort ralentissaient également nos pas... »

Cette *barre d'or*, ces *martres*, ces *éperviers* donnant le signal de l'aurore, sont de ces traits qui ne se trouvent point si on ne les a observés. C'est ce qui met à l'idéal même le *sceau de la réalité* (a). On croit en effet à la réalité des choses qui sont attestées par de tels signes caractéristiques surpris dans la nature. Quel dommage que celui qui savait les voir ne s'y soit pas tenu, et qu'il ait à tout instant excédé! [...]

a) Expression de M. Vinet[3].

1. *Constantin* (272-337) est l'empereur romain qui protégea le christianisme et qui déplaça la capitale de Rome à Byzance, qui devint Constantinople; **2.** *Antioche* et *Laodicée* sont des villes d'Asie qui ont été des centres importants au temps de la décadence de l'Empire romain; **3.** Cf. p. 27, note 3. Il avait paru de Vinet, en 1849, des *Études sur la littérature française au XIXᵉ siècle*. Sainte-Beuve l'avait connu à Lausanne.

En terminant notre analyse de l'*Essai*, nous avons pu dire que nous connaissions à peu près tout l'homme en M. de Chateaubriand. Maintenant que nous finissons avec *Atala*, nous connaissons en lui l'artiste. Nous aurons encore beaucoup à admirer, mais non beaucoup à apprendre. Nous tenons le procédé et le secret de son talent : ce ne sera plus ensuite que des applications diverses.

ONZIÈME LEÇON

Nous en sommes au grand moment de la gloire de M. de Chateaubriand, au *Génie du christianisme*. [...]

Le livre en lui-même n'est sans doute pas un grand livre ni un vrai monument, — un monument comme l'eût été l'ouvrage de Pascal si l'auteur des immortelles *Pensées* eût vécu[1] : que dis-je ? à l'état de simples fragments où nous avons les *Pensées* aujourd'hui, ce serait presque, à mon sens, un sacrilège que de venir leur comparer l'œuvre brillante, à demi frivole. Mais ce que cette œuvre fut véritablement, nous le voyons déjà : ce fut un coup soudain, un coup de théâtre et d'autel, une machine merveilleuse et prompte jouant au moment décisif et faisant fonction d'auxiliaire dans une restauration sociale d'où nous datons[2]. Heureux les littérateurs qui, par une rare rencontre, peuvent voir ainsi leur nom et leur œuvre unis, ne fût-ce qu'un moment, aux actes mémorables ou mieux aux époques de l'histoire! Leur nom continuera de se transmettre et de vivre, alors même qu'on ne les lirait plus. Il est à jamais gravé aux tables de pierre*(1). [...]

Son livre va [...] se composer d'une suite de *tableaux*, ce qui est pourtant un peu long, durant quatre ou cinq volumes. Dire pendant cinq volumes à chaque point de vue : *C'est beau !* il y a de quoi lasser l'admiration la plus déterminée. Il fallait son talent pour y suffire.

L'inconvénient sera aussi (s'il n'y prend garde), dans des parties non essentielles ou même essentielles au christianisme, de ne présenter qu'un seul aspect, toujours l'aspect lumineux et brillant, en dissimulant le côté sombre, et de tirer tout à soi dans des accessoires que la religion chrétienne

1. Les *Pensées* sont probablement l'ébauche d'une *Apologie du christianisme* ;
2. Le romantisme est à l'origine un mouvement littéraire et artistique chrétien.

peut accepter, tolérer, ou emprunter en les animant un moment de son rayon, mais dont elle saurait aussi se passer très-bien.

Car enfin, si la poésie n'est pas absente du christianisme, ni surtout des pompes catholiques que l'Église étale dans ses jours de fête et de triomphe, ce n'est pas à cela qu'elle vise sur la terre : elle a d'autres fins sévères auxquelles au besoin tout se sacrifie. Advienne que pourra de la poésie et de la littérature, du moment qu'elle vient à la traverse[1] de la voie étroite de la Croix! Dieu sans doute est le plus grand des poëtes : mais à l'égard de l'homme, sa créature ici-bas, il est bien autre chose encore. Qui dit *poésie* et *vérité* exprime deux choses différentes, sinon opposées*(2). [...]

Le style chrétien, s'il est telle chose qu'un semblable style, ne saurait être autre chose qu'un style de *vérité*. Si l'éclat du talent s'y mêle, il l'accepte, il le tolère, il le voudrait tempérer parfois. [...] C'est, après tout, la parole de celui qui, le jour de son triomphe, voulut entrer dans Jérusalem monté sur une ânesse. Un style qui a l'air de monter à chaque phrase sur le char du triomphateur n'est pas le sien. Pascal l'a fait remarquer : « Jésus-Christ a dit les choses grandes, si simplement qu'il semble qu'il ne les a pas pensées; et si nettement néanmoins qu'on voit bien ce qu'il en pensait. Cette clarté jointe à cette naïveté est admirable. » L'auteur du *Génie du christianisme* s'est-il assez dit cela?

On a beaucoup parlé dans ces derniers temps de l'*art chrétien*. Loin de moi l'intention de renier au nom du christianisme les merveilles gothiques ou les vierges de Raphaël[2]! Pourtant, sachons bien que le christianisme en lui-même se passe d'art, qu'il n'admet et ne considère qu'une sorte de beauté, celle qui vient du dedans*(3). [...]

Je crois que conçu et touché plus discrètement, selon les conseils qu'il avait reçus dans l'origine de Fontanes, son livre serait plus beau, plus vrai, plus durable, et qu'on le relirait aujourd'hui avec plus de charme : mais il n'aurait pas eu le succès d'enthousiasme et le triomphe qu'il obtint. Qui veut être sage, modéré, embrasser et présenter avec indépendance tous les aspects d'une cause et d'un sujet,

---

1. C'est-à-dire qu'elle trouve le chemin après l'avoir cherché comme à travers champs; 2. Une note de Sainte-Beuve placée ici nous montre que déjà de son temps on considérait l'art de la Renaissance comme un art païen, et l'art de Raphaël en particulier.

ne s'adresse qu'à un petit nombre d'esprits d'élite, et à l'avenir. Ceux qui veulent le succès, l'à-propos, doivent se décider à faire de ces pointes*(4).

M. de Chateaubriand n'eut pas de peine à faire ainsi, et il y était assez poussé par sa nature. S'il n'avait dû être qu'un philosophe, un sage, il n'en était peut-être pas très-loin dans l'*Essai*. Il se serait apaisé, adouci avec les années; il aurait *cuvé* son amertume, et ce doute rassis, mêlé de sens ferme, lui aurait composé à la longue un état de pensée supérieur et méditatif, tourné vers la vérité. Il aurait rendu au christianisme cette justice respectueuse que lui rendait Montesquieu. S'il avait eu le bonheur d'arriver à croire, il aurait parlé des objets de sa foi avec une émotion d'autant plus pénétrante que l'expression aurait été plus contenue, plus appropriée, et n'aurait point dépassé sa conviction... Mais que dis-je? et pourquoi refaire les rôles? La nature le destinait à être moins et mieux qu'un philosophe et qu'un sage : il était artiste et poète. [...]

Il y avait en 1800 un grand rôle à prendre d'*avocat poétique* du christianisme : l'auteur se sentit la force, le saisit et s'y précipita.

Ainsi désormais il fera en toute chose, se lançant du côté où son talent trouvera carrière et soleil : en 1814, il se fera le chevalier du trône, comme en 1800 il s'était fait l'orateur de l'autel; en 1824, il changera brusquement de rôle et se fera le chevalier de la liberté, — toujours le même en tout, toujours faisant sa pointe et son éclat, toujours tenant d'une main le bouclier de diamant, et de l'autre l'épée flamboyante. C'est de toutes ces clartés qui n'éclairent jamais à la fois qu'un seul côté, de toutes ces surfaces brillantes juxtaposées en faisceau que se compose ce poème bigarré, le trophée[1] qu'on appelle sa vie*(5).

Unité d'artiste, unité factice, car c'est une unité faite de pièces et de morceaux, une vraie marqueterie. Royaliste, républicain pêle-mêle et tour à tour, il est féal[2] et rebelle, champion de l'autel, champion du trône, aidant à le renverser, et quand il l'a mis bas, lui demeurant fidèle : le tout selon que l'occasion, le talent et le cœur l'y poussent, mais

---

1. *Trophée* : « Assemblage d'armes formant un groupe, et élevé en souvenir d'une victoire, d'une conquête » (Littré). Sainte-Beuve veut parler d'un groupe d'objets hétéroclites et étincelants; 2. *Féal* : fidèle. C'est un mot d'ancien français remis en honneur justement par Chateaubriand.

le cœur animé par la colère autant que par une idée de vérité ou de dignité. O l'unité en effet unique et singulière! il fraternise avec l'ennemi sans se nuire, il rentre dans son camp de plus belle, et le revoilà tout chamarré de royalisme et de catholicisme, sans que cela tire le moins du monde à conséquence pour les actes ou pour les sentiments. Il s'est dit : *Je veux avoir de l'unité*, et il en a eu, mais toute d'affiche et de montre. Ce n'est pas là l'unité vraie : celle-ci est une harmonie qui naît du fond même et qui sort de l'ensemble d'une vie et d'une âme, qui s'y répand insensiblement et la revêt d'une égale lumière. On a dit que dans son style il avait tiré parti des brisures mêmes et des irrégularités brusques pour le plus grand effet : de même dans sa vie, c'est un poème à contrastes, c'est un trophée, je l'ai dit, une *panoplie* qui brille au soleil.

Quoi qu'il en soit, son succès fut à ce prix. Car encore une fois, qui ne chercherait que la vérité générale et applicable à tous, en dehors des partis, attendrait longtemps son triomphe, et ne l'obtiendrait qu'auprès de quelques-uns dans leur chambre, tandis que du premier jour l'orateur brillant du christianisme se vit porté au Vatican et au Capitole[1]*(6).

DOUZIÈME LEÇON

[...] La première partie du *Génie du christianisme* est la plus factice, la moins attrayante; elle est aussi la plus faible. La rhétorique proprement dite, une rhétorique transcendante (*a*), y a une grande part. [...] Le lieu commun y domine, revêtu de magnificence, lieu commun pourtant s'il en fut jamais. [...]

Le chapitre où l'auteur compare les lois morales des différents peuples de la terre, quelques lambeaux des lois

---

a) Ce qu'on appelait autrefois *rhétorique* s'appelle aujourd'hui *poésie*. De ce que le rhéteur et le sophiste est déguisé en poète, on croit qu'il a disparu. Tel se flatte toujours d'être un poète qui n'est le plus souvent qu'un magnifique rhétoricien.

1. Au Vatican, parce que Chateaubriand fut nommé attaché d'ambassade à Rome en 1803, et au Capitole, parce qu'on y couronne les poètes, comme on le voit dans *Corinne* de Mme de Staël.

de l'Inde, de l'Égypte, des lois de Zoroastre, de Minos, de Solon, etc., avec celles de Moïse; le chapitre où il veut prouver la supériorité de la tradition de Moïse sur toutes les autres cosmogonies, étalent une érudition incomplète, partiale, insuffisante. Ces endroits et beaucoup d'autres, surtout dans leur rédaction première, offraient une large prise à la critique, et, pour un esprit philosophique un peu rigoureux, il y avait en effet de quoi faire tomber le livre des mains dès le premier volume. L'auteur aurait bien dû mieux écouter sur ce point les délicats et charmants avis que lui faisait parvenir par Mme de Beaumont l'aimable critique intérieur que nous aimons tant à citer, M. Joubert. C'était en effet au village de Savigny[1], chez Mme de Beaumont même, dans l'automne de 1801, que le jeune écrivain faisait en toute hâte ses extraits d'érudition ecclésiastique quelque peu indigeste, et cette aimable femme l'y aidait de son mieux; singulier collaborateur, toutefois, en matière d'ortho-doxie! Mais le monde était si brouillé alors qu'on n'y regar-dait pas de si près, et l'Église a toujours passé beaucoup à ses défenseurs*(1). — M. Joubert donc craignait ces hors-d'œuvre de science dans un ouvrage qui devait être tout de charme et de persuasion. — La vérité n'est jamais mieux dite que quand elle se dit de près et qu'elle sort de la bouche ou de la plume d'un ami intime. Ces sortes de confidences et de contradictions *intestines*[2] arrivent rarement au public; mais, s'il pouvait les surprendre, tout le travail de la critique lui serait épargné : il la trouverait là, fine, juste, tempérée, exquise, définitive. Croyez bien que si quelqu'un a su les défauts de Luther, ç'a été Mélanchthon[3]; si quelqu'un a connu le défaut de la cuirasse du grand Arnauld[4], ç'a été Nicole[5]. Ainsi dans tous les groupes reli-gieux, politiques, intellectuels, littéraires, où il y a eu des gens d'esprit, et il s'en glisse aisément partout. Seulement quand ils se mêlent de juger les leurs, ils ne prennent ni porte-voix ni trompette, ils parlent bas, et du dehors il est souvent impossible de les entendre*(2). [...]

1. *Savigny-sur-Orge*, où Mme de Beaumont avait loué une maison en mai 1801; 2. Sainte-Beuve déforme un peu le sens du mot (qui est dans l'intérieur d'un corps social, d'un État, d'après Littré). Ici : qui est à l'inté-rieur d'un petit groupe; 3. *Philippe Schwarzerd*, dit *Mélanchthon* (1497-1560) : ami de Luther et son successeur; 4. *Antoine Arnauld* (1612-1694), docteur en théologie, le guide de Port-Royal. 5. *Pierre Nicole* (1628-1695) : solitaire de Port-Royal. Il collabora à la *Logique de Port-Royal*, d'Arnauld.

QUATORZIÈME LEÇON

[...] Je n'ai à parler ici que de l'espèce d'influence qui appartient exclusivement au *Génie du christianisme* et qui lui est propre. La jeunesse, toute une portion du moins de la jeunesse, s'y inspira; et depuis cinquante ans cette postérité de *néo-chrétiens* est reconnaissable à plus d'un signe. Nous avons eu toute une milice de *jeunes chrétiens de salon*.

Le *Génie du christianisme* a produit mieux que cela, mais il a produit aussi cette forme de travers; il a créé une mode littéraire en religion.

Au dix-septième siècle on croyait à la religion et on la pratiquait. Ceux qui la pratiquaient y vivaient, s'y inspiraient simplement dans leurs œuvres et dans leur vie, et ne se distinguaient d'elle à aucun titre, ni moralement ni artistement : le mot même n'existait pas.

Au dix-huitième, on la niait volontiers, et on la combattait en face.

Au dix-neuvième, on s'est mis à y revenir, mais en la regardant comme une chose distincte de la pratique et de la vie, en la considérant comme un monument qu'on voyait se dresser devant soi. On s'est posé en s'écriant à tout instant, comme dans un musée : « Que c'est beau! » C'est ce qu'on peut appeler le romantisme du christianisme. On a eu une religion d'imagination et de tête plus que de cœur. « Pour moi, chrétien entêté », dit quelque part M. de Chateaubriand vieillissant. *Entêté*, et non *touché*, c'est bien le mot. Il y a longtemps que les vrais chrétiens intérieurs avaient fait justice de cette méthode, de ce goût de métaphores qui n'a pas attendu le dix-neuvième siècle pour paraître. [...]

Le *Génie du christianisme* fut utile en ce qu'il contribua à rétablir le respect pour le christianisme considéré socialement et politiquement. Il le fut moins en ce qu'il engagea du premier jour la restauration religieuse dans une voie brillante et superficielle, toute littéraire et pittoresque, la plus éloignée de la vraie régénération du cœur*(1).

Littérairement, il ouvrit une foule d'aspects nouveaux et de perspectives, qui sont devenues de grandes routes battues et même rebattues depuis : goût du moyen âge, du gothique, poésie et génie de l'histoire nationale, il donna l'impulsion à ces trains d'idées modernes où la science est intervenue ensuite, mais que l'instinct du grand artiste avait d'abord devinées. [...]

J'arrive à *René*[1], c'est-à-dire au portrait de l'auteur lui-même dans sa jeunesse et sous le rayon le plus idéal. C'est un type d'où relève plus ou moins tout ce qui fut jeune durant ces cinquante dernières années. Je crois la maladie un peu passée pour le moment : la jeunesse paraît plutôt disposée à se jeter dans le positif de la vie, et dans ses chimères mêmes elle trouve moyen encore d'avoir pour objet ce positif.

Atala finit par une très-belle parole, et que j'ai relevée déjà comme faisant la transition à *René :* « Homme! tu n'es qu'un songe rapide, un rêve douloureux; tu n'existes que par le malheur; tu n'es quelque chose que par la tristesse de ton âme et l'éternelle mélancolie de ta pensée! » C'est de cette mélancolie poétique et séduisante qu'est éclos *René.* Mais qu'a-t-elle de particulier et d'essentiel entre toutes les tristesses? C'est ce qu'il nous faut définir.

René commence par où Salomon finit, par la satiété et le dégoût. *Vanité des vanités*[2] *!* voilà ce qu'il se dit avant d'avoir éprouvé les plaisirs et les passions; il se le redit pendant et après : ou plutôt, pour lui, il n'y a ni passions ni plaisirs; son analyse les a décomposés d'avance, sa précoce réflexion les a décolorés. Savoir trop tôt, savoir toutes choses avant de les sentir, c'est là le mal de certains hommes, de certaines générations presque entières, venues à un âge trop mûr de la société. Ce travail que l'auteur du *Génie du christianisme* fait sur la religion, cherchant à la trouver belle avant de la sentir vivante et vraie, à lui demander des sensations et des émotions avant de l'avoir adoptée comme une règle divine, — ce travail inquiet et plus raisonné qu'il n'en a l'air, *René* l'a appliqué de bonne heure à tous les objets de la vie, à tous les sujets du sentiment. Avant d'aimer, il a tant rêvé sur l'amour que son désir s'est usé de lui-même, et que lorsqu'il est en présence de ce qui devrait le ranimer et l'enlever, il ne trouve plus en lui la vraie flamme. Ainsi de tout. Il a tout dévoré par la pensée, par cette jouissance abstraite, délicieuse hélas! et desséchante, du rêve; son esprit est lassé et comme vieilli; le besoin du cœur lui reste,

---

1. *René* avait paru en 1802 dans le *Génie du christianisme* et fut publié à part à dater de 1805; **2.** Allusion au *Cantique des cantiques*, partie de la *Bible* attribuée à Salomon.

un besoin immense et vague, mais que rien n'est capable de remplir.

Quand on est René, on est double; on est deux êtres d'âge différent, et l'un des deux, le plus vieux, le plus froid, le plus désabusé, regarde l'autre agir et sentir; et, comme un mauvais œil[1], il le glace, il le déjoue. L'*un* est toujours là qui empêche l'*autre* d'agir tout simplement, naturellement, et de se laisser aller à la bonne nature. [...]

René est le fils d'un siècle qui a tout examiné, tout mis en question : c'est bien l'auteur de l'*Essai*, mais chez qui cette intelligence avancée, consommée, se trouve en désaccord flagrant avec une imagination réveillée et puissante, avec un cœur avide et inassouvi. « Vous le savez, j'ai le malheur de ne pouvoir être jeune », dit Sénancour[2] dans *Obermann*. Mais chez Obermann, la pensée, l'imagination et le cœur sont suffisamment en accord et en équilibre, dans ce sens que leur état de souffrance réciproque et de tiraillement sourd peut durer et s'éterniser. Aussi Obermann est-il le vrai type permanent de la situation morale dont René nous figure avec idéalisation un moment.

René a de plus qu'Obermann l'imagination et toutes les conséquences qu'elle entraîne, la rapidité, la mobilité, l'éclat. Il traverse les situations plutôt que de s'y attarder indéfiniment. René a la gloire de la parole, la poésie de l'expression, qui est presque une contradiction avec son état d'âme terne et désolé. Car un homme qui est complètement dans ce vague qu'il nous figure doit n'atteindre à rien, pas même à l'idéal de sa tristesse en la décrivant. Or René se dessine à nos yeux dans son type et se dresse comme une statue. C'est le *beau ténébreux*. Il y aura de la fatuité dans Byron[3]; il y a une haute coquetterie dans René : il n'y en a aucune dans Obermann[*](2).

Obermann vit au sérieux dans sa situation; il y habite, il la prolonge; il ne s'y drape pas. Il porte son ennui, son regret précoce dans les petites choses comme dans les grandes. [...] Il se gâte tout et se complaît à se gâter tout. A force d'être ennuyé, Obermann court risque à la longue de devenir ennuyeux. Quant à René il est loin de ce danger, il n'en a

---

1. *Le mauvais œil* est simplement « la faculté funeste attribuée à certains individus de porter malheur à ceux qu'ils regardent » (Littré). Sainte-Beuve imagine un sens un peu plus précis; 2. *Etienne Pivert de Sénancour* (1770-1846) : auteur d'*Obermann* (1804); 3. Sainte-Beuve pense ici à *Childe-Harold*.

pas le temps ni le don; il a pour cela trop de cordes à son
arc et à sa lyre. Il pourra être de mauvaise humeur, il ne
sera jamais ennuyeux. On sent en le lisant qu'il guérira, ou
du moins qu'il se distraira*(**3**). [...]

QUINZIÈME LEÇON

Le récit[1] commence : il le faudrait lire en entier, tant
il est parfait, mesuré, cadencé, d'une beauté de ligne et
d'un enchaînement continu. Une tristesse dépeinte et
chantée de la sorte se devient sa propre consolation à
elle-même; et n'y aurait-il que cela seul, on sent que
René se consolera et se distraira[2]; il deviendra poète, litté-
rateur, écrivain, ce qui est un pis-aller qui amuse bientôt
et dédommage.

Après tout, il revient ayant découvert son monde, non
pas juste ce qu'il croyait chercher, la passion, mais ce qui
en tient lieu et en console, la poésie. [...]

Voilà le secret de René, l'anneau d'or par lequel il se
rattache à la vie. René croit à l'immortalité de la poésie,
donc René croit à quelque chose, et le jour où il se sentira
certain de posséder lui-même *ce seul talent incontestable*, il
sera sauvé. [...]

Tout cela dit, René garde son charme indicible et d'autant
plus puissant. Il est la plus belle production de M. de
Chateaubriand, la plus inaltérable et la plus durable; il
est son portrait même. Il est le nôtre. La maladie de René
a régné depuis quarante-huit ans environ; nous l'avons tous
eue plus ou moins et à divers degrés. Vous, jeunes gens,
vous ne l'avez plus. Mais serait-ce à nous[3], qui l'avons
partagée autant que personne, de venir ainsi vous en dire
le secret et vous en révéler la misère? S'il y a indiscré-
tion de notre part, l'amour de la vérité seule nous y a
poussé, et aussi peut-être un reste d'esprit de René qui
porte à tout dire et à se juger soi-même jusque dans les
autres*(**1**). [...]

---

1. Il s'agit toujours de *René*; 2. Le mot ne signifie pas ici s'amuser mais
détourner son esprit (d'après Littré); 3. On sait que Sainte-Beuve s'était
reconnu en René lorsqu'il avait lu le roman vers l'âge de seize ans; « nous »
ici signifie « je ».

DIX-SEPTIÈME LEÇON

Avant *les Martyrs*, M. de Chateaubriand avait déjà fait une ébauche d'épopée, *les Natchez*[1], dont il n'avait publié que les épisodes retouchés de *René* et d'*Atala*. Ces *Natchez* ont été imprimés plus tard, dans l'édition de 1826. A vrai dire, c'est la première manière épique de M. de Chateaubriand; *les Martyrs* ne sont que la seconde, et e *Dernier Abencérage* peut nous représenter la troisième.

Dans ces trois manières successives, on a toute l'échelle du talent. Le poète, qui avait commencé par une sorte de grandeur et aussi d'extravagance d'imagination, mais qui avait rencontré la passion et la flamme, arrive à se réduire, à se maîtriser, et il atteint en quelque sorte la perfection classique de son genre et de son génie. On peut même trouver qu'il la dépasse dans *le Dernier Abencérage*, lequel déjà, malgré sa grâce chevaleresque, est un peu raide et un peu sec de lignes. Sa manière se force de plus en plus en avançant*(1).

Quant aux *Martyrs*, ils représentent bien certainement le moment le plus parfait et le plus juste, celui dans lequel le talent se montre encore très-développé, et où il n'est pourtant plus aussi extraordinaire et aussi étrange. [...] Tout le début des *Martyrs* se sent de l'appareil épique obligé; c'est imité, traduit, c'est du pastiche fait avec talent. Je ne dis pas cela des invocations seulement, mais des personnages et de leur entrée en scène. [...]

En tout, soit dans la composition, soit dans les comparaisons et le détail du style, ce qui manque tout à fait aux *Martyrs* et dont l'absence, à la longue, fatigue le lecteur, c'est un peu de négligence (cet ἀφέλεια[2] dont il parle tant et qu'il a si peu), un peu de nonchaloir, le *quandoque bonus*[3]... ; jamais un peu de cette bonhomie qui s'oublie et qui sommeille. Jamais il ne lui arrivera, en liant sa gerbe, de laisser échapper par mégarde un épi*(2). [...]

Le récit d'Eudore commence; c'est la belle partie de l'ouvrage. [...]

Il juge les Alpes comme notre voyageur les a jugées; on

1. *Les Natchez* furent écrits en 1796, mais publiés seulement en 1826; 2. Naïveté; 3. *Quandoque bonus dormitat Homerus* (Horace, *Art poétique*, 359). S'il arrive à l'excellent Homère de sommeiller (trad. Fr. Villeneuve).

peut comparer cet endroit de son récit avec ce qu'on lit dans les lettres à M. Joubert et dans le journal de voyage en Italie; le carton[1] est entré tout entier dans le tableau. Cela sera perpétuel dans le récit d'Eudore et dans l'ensemble des *Martyrs*. Lorsque plus tard l'auteur aura publié l'*Itinéraire*, le procédé sera encore plus frappant; on aura les tableaux en double : les uns dans le poème, avec les légers changements et les resserrements qu'exige le cadre; les autres plus étalés dans les récits du voyageur. Il serait bien dur de prétendre sacrifier les uns ou les autres; je ne suis pas *philosophe scythe*[2] à ce point. Je revois avec plaisir dans l'*Itinéraire* à Jérusalem ce même voyage, cette même route au Jourdain et à la mer Morte où j'ai déjà suivi exactement Cymodocée en compagnie de Dorothée et de Jérôme : pourtant, j'oserai dire que si *les Martyrs* étaient un plus parfait poème, un poème doué d'un souffle plus intérieur et plus vivant, il serait fâcheux, pour l'effet durable, d'en avoir ainsi en double les scènes et de connaître le *comment* de la composition, d'en suivre du doigt le mécanisme. Il peut être curieux pour le critique de faire ces comparaisons et ces rapprochements; mais de la part du poète c'est n'avoir pas assez de confiance en son œuvre que de n'en pas détruire et supprimer l'échafaudage. Au reste, c'est là un trait de plus de l'époque que nous étudions : on ne veut rien perdre; notes et matériaux, tout sert à deux fins; le poète est son propre commentateur, et il publie après coup ses pièces à l'appui, qui ne se trouvent pas être moins intéressantes que le poème lui-même*(3). [...]

DIX-HUITIÈME LEÇON

Eudore, devenu prisonnier des Franks, trouve le christianisme déjà introduit parmi eux : encore un anachronisme. Une Clotilde, qui est une première *épreuve* de la Clotilde de Clovis, une jeune femme du vieux Pharamond, a été convertie par Zacharie, et ce Zacharie, pauvre esclave, est un descendant de Cassius[3], tout comme Eudore est le

---

1. *Carton* : dessin en grand sur papier que fait un peintre (Littré). Cela équivaut à un projet très poussé; 2. C'est-à-dire *ami de la concision* (cf. La Fontaine, XII, 20); 3. *Cassius Longinus*, surnommé le dernier des Romains, un des meurtriers de César. Il se tua après Philippes.

descendant de Philopœmen[1]. N'admirez-vous pas la rencontre ? Était-il donc nécessaire que Zacharie fût à ce point
le pendant d'Eudore ? Plus tard, pour qu'aucun rapprochement forcé ne manque, ce même Zacharie se retrouvera
juste à point nommé avec Eudore dans les cachots de Rome
comme chrétien destiné au martyre. Le dernier descendant
des vieux Romains, le dernier rejeton des Grecs héroïques,
avec Cymodocée la dernière des Homérides[2], se donnent
rendez-vous au pied de la Croix. Tous ces contrastes,
toutes ces symétries, faites à la main et *au pouce*[3], sont d'un
petit effet, déclamatoire et théâtral, contraire à la vraie
harmonie. [...]

Mais nous arrivons au grand moment du récit, à l'épisode
de Velléda : Velléda, la dernière des vierges druidesses,
la dernière des *Velládas*, comme Cymodocée est la dernière
des vierges homériques ! tout cela converge à un même
rendez-vous comme au *rond-point* dans une forêt. [...]

Ce qui n'était qu'un nom chez Tacite[4] est devenu une
figure vivante sous l'évocation et au coup de baguette de
Chateaubriand. Pourtant, malgré la beauté de l'attitude et
quelques cris immortels, cette figure de Velléda n'égale pas
le développement passionné des personnages de Didon[5],
de Médée[6] et des autres belles victimes de l'amour ; l'atten-
drissement y manque. Saint Augustin n'aurait pas eu à
pleurer en la lisant[7]. — La nécessité où est Eudore de
maudire son amour en le confessant, et de parler d'enfer
et d'Esprits de ténèbres, resserre, endurcit et gâte un peu
le récit*(1). [...]

Le livre X est le IVe livre de cette *Enéide*, dont le bel
Eudore est le pieux Énée ; la figure de la belle magicienne
y règne ; à défaut de mollesse, on y admire la passion superbe
et une haute fantaisie. [...]

« Jamais, Seigneurs, je n'ai éprouvé une *douleur* pareille.
Rien n'est affreux comme de troubler l'innocence[8]... » Ces

1. *Philopœmen* (253-183 av. J.-C.), surnommé « le dernier des Grecs ». Il fut
le dernier à tenter de faire l'unité de la Grèce ; 2. *Démodocus*, le père de
Cymodocée, prétend descendre d'Homère ; 3. L'expression signifie probablement *de chic* ; 4. Sainte-Beuve vient de citer le passage *de la Germanie*
(chap. VIII) : Velléda est une sorte de sorcière qui vint à Rome sous Vespasien ;
5. *Didon* : reine de Carthage, héroïne du IVe chant de *l'Enéide*. Énée l'abandonna pour aller s'établir en Italie ; 6. *Médée* : magicienne qui aida Jason à
conquérir la Toison d'or et qui tua ses deux enfants lorsque Jason l'abandonna.
Héroïne d'Euripide, de Sénèque et de Corneille ; 7. Dans ses *Confessions*, saint
Augustin avoue qu'il avait pleuré au IVe chant de *l'Enéide* ; 8. *Les Martyrs*,
liv. X.

paroles d'Eudore font sourire : c'est plutôt *douceur* que *douleur* qu'il veut dire; il n'en est pas de comparable, pour ces grandes âmes de héros ou d'archange déchu, au plaisir de troubler un jeune cœur, et, mieux qu'une Ève encore, une Marguerite[1] innocente. Qu'on se rappelle la mort de la jeune Napolitaine dans les *Harmonies (le Premier Regret*[2]*)* : [...]

....

> Ainsi, quand je partis, tout trembla dans cette âme;
> Le rayon s'éteignit; et sa mourante flamme
> Remonta dans le Ciel pour n'en plus revenir;
> Elle n'attendit pas un second avenir,
> Elle ne languit pas de doute en espérance. [...]

Pour Eudore les choses se passent moins facilement; elles ne se dénouent pas d'elles-mêmes, elles se tranchent. Mais (confession à part) l'*orgueilleuse faiblesse* de son cœur en est également chatouillée. [...]

Un tel épisode, par sa nature et par les circonstances où il se place, ne pouvait se prolonger : il finit un peu brusquement, mais avec un art admirable, dans une de ces scènes dramatiques que Chateaubriand excelle à composer. [...]

Velléda, du haut de son char, inclinant sa belle tête sous sa faucille d'or, vivra toujours dans les songes de tout poète et de tout amant*(2). [...]

On raconte sur cet épisode de Velléda une anecdote dont la critique doit naturellement s'emparer pour en faire une leçon. Cette anecdote, je l'ai fait maintes fois redire à d'anciens amis de M. de Chateaubriand, à des amis de son bon temps et de sa jeunesse, avant ce je ne sais quoi de poli et de glacé qu'ajoute la gloire. M. de Chateaubriand était revenu à Paris de son pèlerinage à Jérusalem; il avait acheté (automne de 1807) dans la vallée d'Aulnay, dans ce qu'on appelait *la Vallée aux loups*, un petit enclos qu'il travaillait à embellir et à planter, tout en mettant la dernière main à ses *Martyrs*. Quand l'ouvrage fut terminé, vers le printemps de 1808, il convoquait chaque dimanche ses amis de Paris pour leur lire quelque livre du nouveau poème : c'était Mme de Vintimille[3], MM. de Fontanes[4], Joubert[5],

---

1. *Marguerite* : l'héroïne de *Faust ;* **2.** Par Lamartine; **3.** Elle était nièce de Mme d'Houdetot et femme de grand esprit; **4.** Cf. p. 25, note 5; **5.** Cf. p. 44, note 3.

Molé[1], Pasquier[2], peut-être encore M. Guéneau de Mussy[3] ;
voilà, je crois, tout le petit cercle au complet. Ce dimanche-là
c'était l'épisode de Velléda qu'il avait à lire. Il commence :
au bout de quelque temps, l'auteur s'aperçoit, au silence
des auditeurs, que la lecture ne prend pas. Sa voix s'altère ;
il continue pourtant, il achève. Suit un grand silence.
Fontanes, à la fin, prend la parole : c'était à lui en effet qu'il
appartenait de parler pour briser la glace et pour proférer
au nom de tous l'oracle du goût : « Eh bien ! ce n'est pas
cela, vous vous êtes trompé... » et il entra dans quelques
détails : probablement l'auteur n'avait pas su concilier
d'abord ce qui convenait à la situation délicate d'Eudore
qui se confesse, et à l'intérêt si vif du souvenir qu'il doit
retracer ; il penchait trop d'un côté ou d'un autre. Quoi qu'il
en soit, à la suite de Fontanes, tous parlèrent. Mme de
Vintimille (c'est le rôle des femmes) essaya de relever les
beaux passages, de montrer qu'il y aurait peu à y faire pour
réparer, pour perfectionner. Chacun fit de même. M. de
Chateaubriand écoutait en silence : puis il répondit ; il essaya
longtemps de résister et d'opposer ses raisons. Cependant
une larme roulait dans ses yeux : il dit qu'il essayerait de
remanier, de refaire, — de faire mieux, mais qu'il ne l'espé-
rait pas. Huit jours après, jour pour jour, c'est-à-dire le
dimanche suivant, les mêmes amis étaient convoqués pour
entendre cette même *Velléda*, et l'épisode, tel que nous
l'avons, était accueilli d'eux avec ravissement, avec un
applaudissement sans mélange*(3). [...]

Il continue de tirer des mots je ne sais quoi de lumineux
et d'harmonieux que lui seul sait leur faire rendre ; mais on
commence à y être accoutumé avec lui, et l'on se blase. [...]

J'ai parlé d'une recette propre à l'auteur : nous la savons
maintenant si bien, qu'il nous semble presque que nous
ferions, si nous le voulions, du Chateaubriand : ne nous y
fions pourtant pas trop, nous pourrions bien rester en
chemin. Car tout à côté des inventions pénibles, systéma-
tiques, qui nous avertissent que nous n'avons plus affaire
au bel art pur, nous retrouvons à chaque pas des beautés,

1. *Louis Mathieu, comte Molé* (1781-1855) : orateur et homme d'État ;
2. *Etienne Denis*, baron, puis duc *Pasquier*, le chancelier Pasquier (1767-
1862). De l'illustre famille d'Étienne Pasquier. Homme d'État sous l'Empire,
la Restauration et la monarchie de Juillet ; 3. *Philibert Guéneau de Mussy*
(1776-1834) : ami de Fontanes assez effacé. Sainte-Beuve a écrit une notice
sur lui ; elle est reproduite dans *Chateaubriand et son groupe littéraire*.

des miracles d'imagination et d'harmonie, des surprises de talent : et ce sera ainsi jusqu'au bout. — Dans *les Martyrs*, M. de Chateaubriand a livré la plus grande bataille que le talent puisse livrer, la bataille *épique* — je dis la plus grande, et ce serait strictement vrai si son poème était en vers —, du moins une très-grande : il suffit à sa gloire de dire qu'il ne l'a point perdue.

DIX-NEUVIÈME LEÇON

Si j'avais à juger dans leur ensemble *les Martyrs*, je dirais que c'est un poème *composite*[1], où toutes les beautés païennes et chrétiennes sont artificiellement ramassées dans un étroit espace; c'est de l'art qui me rappelle exactement celui de la Villa d'Adrien[2], dans laquelle cet empereur, passionné pour le beau, avait réalisé ses impressions de voyage en pierre et en marbre, dans des proportions moindres, mais encore grandioses. [...]

Je dirai du poëte ce que lui-même a dit de l'empereur : « Adrien fut un prince remarquable, mais non un des plus grands empereurs romains; c'est pourtant un de ceux dont on se souvient le plus aujourd'hui. Il a laissé partout ses traces[3]. »

Tel aussi a été Chateaubriand, non pas un des véritablement grands artistes des beaux siècles, non pas un des tout premiers ni même des seconds en beauté, mais un de ceux qui viennent immédiatement après ceux-là, et qui, en toute carrière, laisseront le plus de traces d'eux-mêmes et le plus de souvenirs sur cette pente de la décadence, sous les regards d'une postérité qui ne saura plus bien où est le vrai beau*(1). [...]

VINGTIÈME LEÇON

L'*Itinéraire*[4] passe pour un ouvrage à peu près irréprochable et pour offrir la perfection de la manière littéraire de M. de Chateaubriand. Quand un écrivain a paru extra-

---

1. *Composite* (terme d'architecture) : qui appartient à un cinquième ordre d'architecture inventé par les Romains et où se retrouvent tous les caractères des autres ordres. Sainte-Beuve l'emploie ici par analogie; 2. Il s'agit de la célèbre villa de Tibur, près de Rome, où l'empereur Hadrien (76-38) avait fait reconstituer les plus beaux monuments et même les plus beaux sites de l'Empire; 3. *Voyage en Italie : Tivoli et la villa Adriana ;* 4. Écrit en 1806, publié en 1811.

ordinaire à ses débuts, que chaque œuvre de lui a excité de violents orages, après que cette fureur critique s'est pourtant apaisée, s'il arrive qu'il publie un livre où il se rabatte un peu, et où il soit, par la nature du sujet, plus au niveau de tous, on se met à croire que c'est lui qui a changé et non pas qu'on s'est habitué soi-même. Il y a de l'un et de l'autre de ces résultats dans l'*Itinéraire* : l'auteur est plus simple, plus courant comme il convient dans un récit, et le public, qui s'attendait à je ne sais quoi d'étrange, devient tout à coup indulgent : il y a rapprochement des deux parts, et on signe la paix. [...]

Ceux qui avaient trouvé les tableaux des *Martyrs* trop éclatants trouvèrent plus à leur gré les esquisses de l'*Itinéraire*, grandes esquisses qui ne laissent pas d'être aussi des tableaux.

Les éloges que l'on donna à l'*Itinéraire* me paraissent s'appliquer surtout à la première partie du voyage[1]. La seconde moitié, qui offre encore de belles pages, est, selon moi, d'un intérêt médiocre, fatigant à lire, et le tout est plus surchargé d'érudition que je ne voudrais*(1). [...]

Il se piquait encore d'être un pèlerin d'une autre sorte et d'un autre âge :

« Il peut paraître étrange aujourd'hui de parler de vœux et de pèlerinages; mais sur ce point je suis sans pudeur, et je me suis rangé depuis longtemps dans la classe des superstitieux et des faibles. Je serai peut-être le dernier Français sorti de mon pays pour voyager en Terre Sainte avec les idées, le *but* et les sentiments d'un ancien pèlerin[2]. [...] »

C'est sans doute parce que ce rôle de pèlerin officiel domine toute la seconde partie du Voyage qu'il en amortit l'intérêt. Nous savons maintenant que ce rôle-là n'était qu'à demi vrai, et qu'il y avait dans cette prétention de la part de l'auteur des *Martyrs* une dernière fiction épique. L'auteur des *Mémoires d'outre-tombe* nous a édifiés depuis. Je suis forcé de rappeler ici le passage déjà cité dans une des leçons précédentes[3], mais qui a toute sa valeur en cet endroit :

« Mais ai-je tout dit dans l'*Itinéraire* sur ce voyage commencé au port de Desdemona et d'Othello[4] ? Allais-je au tombeau du

---

1. C'est-à-dire les Ire, IIe et IIIe parties, jusqu'à l'arrivée en Palestine; 2. Préface de la troisième édition de l'*Itinéraire*; 3. La troisième leçon, dans un passage que nous n'avons pas reproduit; 4. Venise.

Christ dans les dispositions du repentir ? Une seule pensée m'absorbait ; je comptais avec impatience les moments. Du bord de mon navire, les regards attachés à l'Étoile du soir, je lui demandais des vents pour cingler plus vite, de la gloire *pour me faire aimer*[1]. [...] »

Ceci devient embarrassant. Entre les diverses explications données par lui-même sur le but de sa sainte aventure, laquelle choisir ? Peut-être faudrait-il les accepter toutes, mais je m'en tiens de préférence à la première : « J'allais chercher des *images*, voilà tout[2]. »

Ah ! poète et artiste, le mot est lâché ; vous alliez chercher des images et pas autre chose ; et vos couleurs trouvées, votre tableau fait, vous étiez content*(2). [...]

Voilà, messieurs, ce que j'appelle être le premier grand artiste d'une époque de décadence : désormais, partout où il y aura des images qui le tenteront, il ira — non pas seulement à Jérusalem, mais jusque dans le camp des infidèles —; que cherche-t-il dans le libéralisme, dans le républicanisme, dans ce monde de Béranger, de Carrel[3] ? — des images, toujours des images. [...]

Trouver la plus belle phrase sur les descendants de Saint Louis et de Robert-le-Fort, la plus belle phrase sur Napoléon à Sainte-Hélène, la plus belle sur le tombeau de Jésus-Christ, la plus belle phrase sur la république future éventuelle, la plus belle phrase et la plus splendide sur la ruine et le cataclysme du vieux monde : qu'il y ait réussi, et il sera content.

Il n'y a pas un accord parfait, — que dis-je ? il y a un vide et un abîme entre ses buts avoués et ses buts secrets, entre son sentiment intime (indifférent) et son expression éclatante*(3). — Quoi qu'il en soit, il appelle l'*Itinéraire* les *Mémoires d'une année de sa vie*[4], et c'en est peut-être la meilleure partie, celle qui fut écrite à l'heure la plus sentie et la plus heureuse. [...]

Les Aventures du dernier Abencérage[5] sont le couronne-

---

1. Tout cela est fort clair : *Othello* est une histoire de jalousie et d'amour, l' « Etoile du soir » est celle qu'invoquent les amoureux depuis l'Antiquité. Sainte-Beuve avait entendu ce passage des *Mémoires* lors des lectures de 1834 à l'Abbaye-aux-Bois et avait eu l'autorisation de le recopier. Il fut supprimé du texte paru dans *la Presse* en 1848. On peut en lire maintenant une version abrégée dans l'édition Levaillant (IVᵉ partie, livre VII, chapitre XVIII, p. 406). Pour la polémique autour de ce passage, voir *ibidem* (tome IV, appendice XVIII, pp. 763 sqq,); 2. Préface de la troisième édition de l'*Itinéraire ;* 3. Les opinions politiques de Béranger sont connues ; pour Carrel, c'est le fondateur du *National ;* 4. *Itinéraire*, Préface de la première édition ; 5. Publiées en 1826.

ment de l'*Itinéraire*. En s'en revenant par Grenade et
l'Alhambra, qui était le terme secret du pèlerinage (comme
Jérusalem en était le but apparent) et où l'attendait une
tendre promesse[1], le poète y cueillit une dernière fleur qui
s'épanouie dans cette production brillante. [...]

Rien de plus courtois, de plus accompli comme forme et
comme sentiment, rien de plus artistement découpé que
ce petit récit à quatre personnages. M. de Chateaubriand
n'a rien trouvé de plus pur; mais, si je l'ose dire, le tout
est trop jeté dans la forme chevaleresque et classique : il y a
un peu de sécheresse, de raideur et de maigreur; on est
loin de la sève surabondante d'*Atala*. [...]

Le Dernier Abencérage est une fin, un extrême, sans
pourtant sortir encore de la ligne de beauté; j'y sens conti-
nuellement le drapé comme dans les tragédies : c'est de
l'Alfieri[2] plus brillant, mais sans plus de mollesse*(4). [...]

VINGT ET UNIÈME ET DERNIÈRE LEÇON

Ce qu'il faut dire en terminant, c'est qu'il était un
grand magicien, un grand enchanteur.

Tel nous a paru au vrai, dans les principaux traits de
sa physionomie, celui que notre siècle, jeune encore, salua
et eut raison de saluer comme son Homère (*a*).

A côté d'Achille il faut montrer Patrocle[3]; à côté de
M. de Chateaubriand, il ne serait pas juste d'oublier
Fontanes. [...]

---

a) Et moralement même, ce que Chateaubriand a toujours eu,
ce qu'il a su garder jusqu'à la fin bien mieux que ses successeurs,
même les plus illustres, c'est la *dignité*, cette haute estime de soi
et qui s'imposait aux autres. Il aimait sans doute la popularité,
et il y sacrifia trop; mais il vivait dans un temps où pour la conquérir
on n'avait pas trop à flatter le populaire, à être plat ou grossier
devant lui. La réputation venait à vous, et l'on ne courait pas après
elle; on ne la ramassait pas de toutes mains comme depuis. Il
n'était pas homme à se baisser[4].

1. Il devait y rencontrer la future duchesse de Mouchy, qui portait alors le
titre de vicomtesse de Noailles; 2. *Alfieri* (1749-1813) : tragique italien qui
observe les règles de la tragédie classique française; 3. *Patrocle* est l'ami
d'Achille; sa mort, la douleur d'Achille, qui retourne au combat pour le venger,
et ses funérailles occupent les huit derniers chants de *l'Iliade ;* 4. Sainte-
Beuve doit penser à Lamartine dans cette note, peut-être aussi à Hugo.

Le don de critique véritable n'a été [...] accordé qu'à quelques-uns. Ce don devient même du génie lorsqu'au milieu des révolutions du goût, entre les ruines d'un vieux genre qui s'écroule et les innovations qui se tentent, il s'agit de discerner avec netteté, avec certitude, sans aucune mollesse, ce qui est bon et ce qui vivra; si, dans une œuvre nouvelle, l'originalité réelle suffit à racheter les défauts? de quel ordre est l'ouvrage? de quelle portée et de quelle *volée* est l'auteur? et oser dire tout cela avant tous, et le dire d'un ton qui impose et se fasse écouter.

Il y a dans cette autorité et dans l'importance de celui qui l'exerce quelque chose de vivant, de personnel, qui ne tient pas uniquement à ce qu'il écrit et qui ne s'y représente pas toujours en entier, mais qui tient de plus près à l'homme même, à son geste, à son accent. Les mêmes choses dans d'autres bouches n'ont pas le même sens ni le même poids.

La nature crée le grand critique, de même qu'elle confère à quelques hommes le don du commandement. D'autres influent plus sensiblement, s'agitent, débordent, entraînent : le vrai juge, le vrai critique, par quelques mots, rétablit la balance. En philosophie, en politique, de nos jours, nous avons vu bien des talents qui étaient des puissances, des forces toujours en action et en mouvement : M. Royer-Collard[1], tranquille et debout, était une autorité.

L'autorité du vrai critique se compose de bien des éléments complexes, comme pour le grand médecin; mais au fond il y a là un sens à part, comme le tact d'un Hippocrate[2] ou d'un Corvisart[3].

En tout pays, la liste serait courte de tels hommes qui ont été des oracles et qui ont dicté un moment la loi du goût : Malherbe, Boileau, Johnson[4]. Il n'est pas nécessaire à ces critiques d'avoir une perspective immense; il suffit qu'ils embrassent avec une parfaite netteté de coup d'œil toute l'étendue de l'horizon à leur moment. Tout n'est pas restrictif dans leur rôle; cependant il y entre souvent plus de restriction que d'élan, plus de *veto* que d'*initiative*.

---

1. *Pierre-Paul Royer-Collard* (1763-1845) : philosophe spiritualiste et homme politique doctrinaire; 2. *Hippocrate* (Vᵉ-IVᵉ siècles av. J.-C.) est le « père de la médecine », parce qu'il a créé l'auscultation clinique; 3. *Jean-Nicolas, baron Corvisart* (1755-1821) : médecin de Napoléon. Il est l'inventeur de la percussion pour l'auscultation des poumons. On voit pourquoi Sainte-Beuve parle de « tact » d'Hippocrate et de Corvisart; 4. *Samuel Johnson* (1709-1784): auteur d'un *Dictionnaire de langue anglaise* et de *Vies des poètes anglais ;* il s'était aussi essayé dans la poésie.

Mais le plus beau rôle pour le critique, c'est quand il ne se tient pas uniquement sur la défensive et que, dénonçant les faux succès, il ne sait pas moins discerner et promouvoir les légitimes. C'est pour cela qu'il est mieux qu'il y ait dans le critique un poète : le poète a le sentiment plus vif des beautés, et il hésite moins à les maintenir. Boileau, en cette matière, se trompera moins que Johnson ou que Jeffries[1]. On l'a dit très judicieusement : « La vraie touche des esprits, c'est l'examen d'un nouvel auteur; et celui qui le lit se met à l'épreuve plus qu'il ne l'y met (*a*). » Il ne s'agit pas,

---

a) C'est Mlle de Gournay[2] qui l'a dit, et je le redirai, à ma manière, après elle : « La pierre de touche » véritable du jugement critique, ce sont les écrits contemporains. Tout le monde est fort à prononcer sur Racine et sur Bossuet; on tranche là-dessus en toute sécurité; j'appelle cela moins des jugements que des développements, des exposés où le talent peut s'étendre et briller à l'aise. Mais la sagacité du juge, la perspicacité du critique se prouve surtout sur des écrits neufs, non encore essayés du public. Juger à première vue, deviner, devancer, voilà le don critique. Combien peu le possèdent! [...] Au reste je conçois, quand on n'y est pas obligé, que l'on évite de se prononcer autrement que de vive voix et dans la conversation sur les ouvrages nouveaux, ces ouvrages à peine échappés de la fabrique de l'auteur et *encore tout chauds de la forge*[3], comme dit Montesquieu : on court risque, en effet, de s'y brûler les doigts. Dans ce genre de critique, si l'on ne battait le plus souvent la campagne comme on fait aujourd'hui, si l'on ne parlait *à côté*, si l'on était sincère et franc, ce serait moins encore les ouvrages qu'on serait amené à juger, que les esprits eux-mêmes dont ils sont la production, car *tel fruit, tel arbre ;* et l'on serait ainsi conduit très-vite à dire à bon nombre de ces arbres-là qu'ils sont de pauvre qualité, rudes, grossiers de nature, difformes d'aspect, sauvageons en dépit des greffes, viciés dans leur sève, et peu faits pour produire jamais rien d'agréable ni de savoureux. Or « quel est l'homme assez hardi, nous dit Montesquieu encore, pour vouloir se faire dix ou douze ennemis par mois[4] » ? Aussi le caractère du critique complet suppose-t-il, tout autant que le jugement, un vrai courage moral. Le jugement ferme est déjà du courage intellectuel : on ose avoir un avis bien net vis-à-vis de soi-même; mais il s'agit encore d'oser le dire tout haut et de le soutenir la plume à la main devant tous.

---

1. Sans doute *Francis, lord Jeffrey* (1773-1850), le premier directeur de l'*Edinburgh Review ;* **2.** *Marie Le Jars de Gournay* (1565-1645) : a édité Montaigne, dont elle était la « fille d'alliance ». Elle fut un des principaux opposants à Malherbe; **3.** *Lettres persanes*, CVIII. Il s'agit des journalistes qui ne rendent pas compte des livres nouveaux; **4.** *Ibidem.*

quand un nouvel écrivain paraît qui est homme de génie, même avec des défauts, — il ne s'agit pas de venir dire : *C'est assez bien*, et de faire ce qu'on peut appeler une cote mal taillée des beautés et des défauts, comme fit l'Institut dans ce fameux rapport sur le *Génie du christianisme*[1], comme fit l'Académie pour *le Cid*[2]. « C'est un grand signe de médiocrité de louer toujours modérément », a dit Vauvenargues[3]. Il faut savoir à première vue marquer le *cran*[4]. [...]

Le vrai critique devance le public, le dirige et le guide; et si le public s'égare et se fourvoie (ce qui lui arrive souvent), le critique tient bon dans l'orage et s'écrie à haute voix : *Ils y reviendront*.

Le critique n'a pas toujours de ces bonnes fortunes et de ces glorieuses occasions. Quand elles se présentent et qu'il est habile à les saisir, cela s'illustre à jamais comme une belle guérison illustre un médecin*(1).

Si nous revenons à Fontanes, il a eu ce mérite et ce bonheur. [...]

[Sainte-Beuve fait ici le portrait de Fontanes.]

Après Fontanes, nous ne pouvons nous empêcher de nous arrêter un instant, un dernier instant, sur M. Joubert : Chateaubriand, jeune, marchait entre les deux. Jamais poète ne trouva deux critiques plus doués d'imagination eux-mêmes, deux critiques amis, mieux faits en tous points pour se compléter l'un l'autre et pour le servir. Si l'un, tout classique, l'accompagnait et le soutenait avec un *dévouement étonné*, l'autre ne s'étonnait pas du tout et devançait toujours. L'un, ferme et net, athlète au besoin, brisait des lances dans les mêlées pour son ami, et le couvrait de son bouclier; l'autre, vrai Sylphe, pur esprit, presque sans corps, voltigeait, et murmurant à son oreille des conseils charmants, *leni susurro*[5]. L'un, critique devant le

---

1. L'empereur avait demandé à l'Académie française (qui s'appelait alors la Classe de la langue) pourquoi l'Institut ne décernait pas un grand prix décennal au *Génie du christianisme*. L'Académie publia en 1811 des rapports de Daru, de Sicard, etc. Il n'y était question que des fautes de l'auteur; 2. Il s'agit des *Sentiments de l'Académie sur « le Cid »*, qui devaient, dans l'esprit de Richelieu, mettre fin à la querelle du *Cid*. Ils parurent en 1638 et sont l'œuvre de Chapelain; 3. *Luc de Clapiers, marquis de Vauvenargues* (1715-1747) : le plus important des moralistes français du XVIIIᵉ siècle; 4. C'est-à-dire *marquer le niveau de chaque auteur*; 5. Sainte-Beuve aime à citer cette expression d'Horace (*Odes*, I, IX, 19) : « *Lenes susurri*, les doux murmures [des amants dans l'ombre] ».

public, plaidait, défendait et gagnait une cause; l'autre, intime et inspirant au dedans, suggérait mille pensées et insinuait bien des hardiesses; et pour finir par un mot consacré, l'un était la bride, et l'autre l'éperon*(2). [...]

Groupe poétique et sage, alors jeune et plein d'avenir, qui avait de l'extraordinaire et du tempéré, en qui l'esprit même d'aventure aimait à se rattacher à l'esprit de tradition, où l'audace n'excluait jamais la grâce, où la critique gardait ses droits jusque dans une admiration légitime; groupe aimable et regretté dont j'aurais voulu faire revivre ici la mémoire; car moi aussi, à force d'y penser, j'y ai vécu! Heureux qui rencontre ainsi le groupe ami, la famille d'élite dont il est membre, *la bella scuola*, comme Dante l'appelle! Il n'y a de force et de charme en littérature que par là. Mais aujourd'hui je ne vois plus que des individus épars, quelques-uns seulement ambitieux, poursuivant la chimère universelle, et voulant autour d'eux des servants et des créatures; ou encore je vois des littérateurs coalisés en vue des seuls intérêts du métier[1]. Et ceux qui n'aiment que le beau, les pures Lettres, les seules Muses, souffrent à part, s'écriant et gémissant comme Philoctète[2] sur le rivage solitaire*(3). [...]

Et pour finir avec l'abeille même, pour revenir à M. Joubert en particulier, je dirai : c'est presque un malheur que d'avoir connu dans sa vie de tels hommes. Les esprits communs peuvent se donner la consolation de les trouver *précieux*[3] *;* mais ceux qui les ont une fois goûtés sont tentés bien plutôt de le rendre[4] à tous ces prétendus gens d'esprit et de les trouver communs à leur tour. En avoir une fois connu un, de ces esprits divins qui semblent nés pour définir le mot du poète : *divinæ particulam auræ*[5], c'est être dégoûté à jamais de tout ce qui n'est pas fin, délicat, délicieux, de tout ce qui n'est pas le parfum et la pure essence; c'est se préparer assurément bien des ennuis et bien des malheurs.

Il est donné, de nos jours, à un bien petit nombre, même parmi les plus délicats et ceux qui les apprécient le mieux, de recueillir, d'ordonner sa vie selon ses admirations et

---

1. Allusion à la Société des gens de lettres récemment créée; **2.** Il avait hérité les flèches d'Héraclès, mais se blessa avec l'une d'elles, et la plaie répandait une odeur si épouvantable qu'on l'abandonna seul sur l'île de Lemnos; **3.** *Précieux* : qui pousse la délicatesse à l'excès (Littré); **4.** *De le rendre.* Nous dirions plus vulgairement : *de rendre la monnaie de leur pièce ;* **5.** Horace, *Satires*, II, II, 79 : « [l'âme], cette particule du souffle divin » (trad. Fr. Villeneuve).

selon ses goûts, avec suite, avec noblesse. Je le cherche : où est-il celui qui peut se vanter d'être resté fidèle à soi-même, à son premier et à son plus beau passé ? La plupart du temps l'on naît et l'on vit assujetti; la condition humaine ordinaire n'est qu'une suite de jougs successifs, et la seule liberté qui vous reste est d'en pouvoir quelquefois changer. Le travail presse, la nécessité commande, les circonstances entraînent : au risque de paraître se contredire et se démentir, il faut aller sans cesse et recommencer; il faut accepter ces emplois, ces métiers si divers, et, même en les remplissant avec le plus de conscience et de zèle, on élève de la poussière dans son chemin, on obscurcit ses images d'autrefois, on se ternit soi-même et l'on se nuit. Et c'est ainsi qu'avant d'avoir achevé de vieillir, on a passé par tant de vies successives qu'on ne sait plus bien, en y ressongeant, quelle est la vraie, quelle est celle pour laquelle on était fait et dont on était digne, quelle est celle qu'on aurait choisie (a)*(4).

CHATEAUBRIANA[1]
NOTES DIVERSES SUR CHATEAUBRIAND OU A PROPOS DE LUI

M. de Chateaubriand n'était pas d'abord si gâté, si quinteux et d'humeur si bizarre qu'on l'a vu depuis. Une personne de grâce et de distinction, qui habitait près d'Aulnay en 1812, me raconte que quelquefois, le matin, on allait, en compagnie, surprendre M. de Chateaubriand à son ermitage de la Vallée-aux-Loups. Il quittait aussitôt son travail, fourrait sa plume sous son papier, ou sous un certain coussin de canapé, comme un écolier qu'on délivre (il n'avait pas encore de secrétaire), et faisait gaiement, le reste du jour, des promenades où il se montrait tout à fait *bon garçon*. Ce qui le gâta surtout, à dater de 1814, ce fut l'ambition politique, et aussi les belles dames qui se mirent à rivaliser, à son égard, d'adorations et d'adulations.

---

a) On sent que le Cours est déjà terminé, et c'est l'écrivain qui, depuis quelques instants, tient la plume. [...]

1. *Ana* est un affixe qui se joint à certains noms propres pour indiquer un recueil de pensées détachées, de bons mots, etc. Ex. : le Menagiana, du nom de Ménage (d'après Littré).

....

Chateaubriand et Lamartine (ceci a été écrit du vivant du premier) ne s'aiment pas, mais ils ont toujours été bien officiellement et solennellement, par bon goût. Quand Lamartine publia son *Voyage en Orient*[1], il y parla très-bien de Chateaubriand. Celui-ci lui écrivit une petite lettre en deux lignes tout orientale : « Vous avez fait, Monsieur, comme ces anciens rois de Perse : quand ils rencontraient un vieux palmier, ils s'arrêtaient un moment et y attachaient un collier d'or. » Lamartine répondit aussi par quelque image magnifique, je ne sais plus bien laquelle; par exemple : « Il est de certains noms qui, quand ils tombent dans le vase d'airain, y résonnent comme un talent[2] d'or. » (Mieux que cela.) — C'est ainsi que, comme des princes d'Asie, ils échangeaient leurs présents.

Il est vrai que dès ce temps-là, le dos tourné, Lamartine ne se gênait pas et disait en parlant de Chateaubriand : « Je le voyais à la messe l'autre jour; figure de faux grand homme; un côté qui grimace. » Mais ces choses se disaient en causant et ne s'imprimaient pas. Le décorum s'observait devant le public★(1).

Cela a bien changé dans la suite. [...] M. de Chateaubriand n'était pas en reste, et il aurait pu, lui aussi, rendre la pareille à son avantageux successeur, en le touchant au défaut de la cuirasse. Je me défierais de mes souvenirs d'aujourd'hui se rapportant à des choses si légères et déjà si éloignées; mais dans une espèce de registre où je retrouve d'anciennes notes, je lis celle-ci que j'écrivais avec précision dans le temps même; je ne me doutais pas, en l'écrivant, que j'aurais à l'imprimer un jour à titre de revanche :

« L'autre jour, j'étais chez Mme Récamier; il n'y avait qu'elle et Chateaubriand. On annonça Lamartine; *Jocelyn* venait de paraître dans la huitaine[3], on ne parlait que de cela. Mme Récamier, avec son empressement habituel, le mit là-dessus dès le premier mot : « Je vous lis, Monsieur, nous vous lisons, nous vous devons bien des plaisirs; M. de Chateaubriand surtout est bien charmé... » Chateaubriand, ainsi provoqué en témoignage, ne disait mot; il avait pris son foulard, selon son habitude, et le tenait entre ses dents, comme quand il est décidé à ne pas parler (il mord alors son

1. Avril 1835; 2. Le *talent* est une monnaie de compte. La phrase est absurde; 3. Février 1836.

foulard, et le tire de temps en temps avec la main, en le retenant avec les dents, ce que ses anciens amis appellent *sonner la cloche*). Il sonnait donc de la cloche sans rien dire, et Mme Récamier se prodiguait d'autant plus pour couvrir son silence : « On vous a fait, Monsieur, disait-elle à Lamartine, des critiques bien peu fondées, sur le mariage des prêtres, et sur le style... qui est si pur, si charmant! » Lamartine, dès l'abord, était entré sans façon dans cet éloge de lui-même; au premier compliment de Mme Récamier, il l'avait interrompue, en lui demandant *à quelle lecture elle en était*. « Mais à la première! » — « C'est, reprit-il, qu'*on ne goûte bien le livre qu'à la seconde*. » — « Mais, dès cette première fois même, répondit-elle, je n'ai pas de peine à comprendre combien il y a de beautés qui doivent gagner sans doute à être relues. » — Quand elle eut prononcé le mot de *style* et dit quelque chose des critiques injustes qu'on avait faites à l'auteur sur ce point, Lamartine s'écria : « Le style! c'est précisément ce que j'ai soigné le plus, c'est fait *à la loupe!* » Après un certain temps de conversation sur ce ton, elle louant et lui l'y aidant avec cette fatuité naïve, il sortit; elle l'accompagna jusque dans le second salon pour lui redoubler encore ses compliments; mais la portière de la chambre était à peine retombée que Chateaubriand, qui jusque-là n'avait pas desserré les dents (quoique deux ou trois fois Mme Récamier se fût appuyée de son témoignage dans les éloges), éclata tout d'un coup et s'écria, comme s'il eût été seul : « Le grand dadais! » — J'y étais et je l'ai entendu*(2). »

(Quelque chose, je crois, de cette anecdote a été imprimé autrefois dans une *Revue suisse*[1], mais cette version-ci est la bonne.)

(20 novembre 1845.) Je viens de Champlâtreux[2], où Chateaubriand, il y a près de quarante ans, a écrit un chant des *Martyrs*, l'épisode de Velléda[3]; j'ai causé à fond de lui avec M. Molé, un des hommes en petit nombre qui l'ont bien connu. Fontanes, Joubert, M. Molé et M. Lamoignon, oncle de ce dernier, sont peut-être les seuls qui l'aient bien

1. M. Maurice Allem n'a rien retrouvé de semblable dans la *Revue suisse*, dont Sainte-Beuve fut pourtant le collaborateur anonyme; 2. La propriété de la famille Molé aux environs de Paris; 3. Dans la 18e leçon (pp. 66 et 67), Sainte-Beuve dit que l'épisode de Velléda a été écrit en 1808 à la Vallée-aux-Loups. Rien ne permet de résoudre cette contradiction.

connu dans le bon temps et pénétré sous sa triple et quin-
tuple peau de serpent, *clypei septemplicis orbes*[1]. [...] A Champlâtreux, qui n'était pas alors ce château majestueux d'aujourd'hui, Chateaubriand jouait quelquefois comme un
écolier; le soir, en montant se coucher, c'étaient des cris
dans les corridors, des combats à la porte des chambres,
on se jetait les pots à l'eau à la tête. Chateaubriand et un
M. Jullien (dont il est question dans les Lettres de Joubert)
étaient les boute-en-train. Cela était très-naturel de la part
de Chateaubriand dans le premier moment, mais dans le
second moment ce n'est pas bien sûr. J'espère que M. Molé
nous le peindra au vrai dans ses *Souvenirs*[2]; il est assez
fin et assez délicat d'esprit pour cela. D'autres qui croient
le connaître ne l'ont pris que par les dehors et par le gros
bout. Quant au public, il n'a pu voir que les produits du
talent, et il n'a jamais rien compris à l'homme.

Pour tous ceux qui connaissent Chateaubriand, c'est
sensible; sa figure à de certains moments *se pince**(3).

. . . .

FRAGMENT DE LETTRE[3]

« (1847.) Un mort bien illustre et qui mérite de s'appeler
mort en effet, puisqu'il ne vit plus de la seule vie qu'il avait
rêvée, Chateaubriand est bien malheureux; il ne peut plus
sortir de sa chambre. Mme Récamier l'y va voir tous les
jours, mais elle ne le voit que sous le feu des regards de
Mme de Chateaubriand, qui se venge enfin de cinquante
années de délaissement. Elle a le dernier mot sur le sublime
volage, et sur tant de beautés qui l'ont tour à tour ravi. Cette
femme est spirituelle, dévote et ironique; moyennant toutes
ses vertus, elle se passe tous ses défauts. Ah! que vous valez
mieux, vous autres! C'est vous, Hortense, qui aurez donné
à M. de Chateaubriand ses dernières joies, ses derniers
ressouvenirs de René; car Mme Récamier le prend avec lui
sur un ton plus bas; ce n'est plus notre Chateaubriand, elle
en fait un *autre ;* mais pour vous il retrouve des restes de

---

1. Virgile, *Enéide*, XII, 925 : « Clipei extremos septemplicis orbes » : *le bord du
bouclier formé de sept épaisseurs* (trad. Bellessort); 2. Ces détails se retrouvent
exactement dans les *Souvenirs* de Mathieu Molé, publiés en 1943 à Genève;
3. Adressée à Hortense Allart. Hortense Allart, dame de Meritens (1801-
1879). Femme de lettres; elle raconte dans ses *Mémoires* ses aventures avec
Chateaubriand et avec Sainte-Beuve.

souffle et des bruits lointains de Germanie et de Gaule
sauvage. Gardez bien ses derniers petits billets; ce seront
des choses *vraies* de la part d'un génie illustre, mais qui a
eu trop peu de ces éclairs de vérité. Vous lui ferez honneur
un jour de ces gages imprévus. Sa mémoire aura fort à
faire; car il est comme ceux qui ont trop longtemps vécu.
— Ce que j'en apprends me donne une profonde tristesse :
il disait l'autre jour à une personne de ses amis qu'il eut
peine à reconnaître, et qu'il prit d'abord pour le père, puis
pour l'oncle : « Je ne puis plus suivre une idée deux minutes
de suite. » — Sentant cela, il se tait. Je lui rends le dernier
hommage de respect en ne le voyant pas. C'est ainsi que,
moi-même, je voudrais être traité*(4)... »

. . . .

Le mariage de M. de Chateaubriand a été, dans le temps,
l'objet de procès et d'assertions contradictoires singulières.

[Sainte-Beuve rappelle les circonstances du mariage de Chateaubriand, telles qu'elles sont rapportées dans les *Mémoires d'outre-
tombe* : l'indifférence du futur, les difficultés faites par un oncle
démocrate de la jeune fille, la question de savoir si le mariage
religieux serait célébré par un prêtre *assermenté*[1] ou non.]

Mais voici bien autre chose. Ce n'est plus du côté d'un
oncle maternel démocrate que le mariage est attaqué, c'est
du côté de l'oncle paternel et dans un esprit tout différent.
M. de Chateaubriand va se trouver entre deux oncles.
Je cite mes auteurs. M. Viennet, dans ses Mémoires
(inédits), raconte qu'étant entré au service dans la marine
vers 1797, il connut à Lorient un riche négociant, M. La
Vigne-Buisson, et se lia avec lui. Quand l'auteur d'*Atala*
commença à faire du bruit, M. Buisson dit à M. Viennet :
« Je le connais; il a épousé ma nièce, et il l'a épousée de
force. » Et il raconta comment M. de Chateaubriand, ayant
à contracter union avec Mlle de La Vigne, aurait imaginé
de l'épouser comme dans les comédies, d'une façon postiche,
en se servant d'un de ses gens comme prêtre et d'un autre
comme témoin. Ce qu'ayant appris, l'oncle Buisson serait
parti, muni d'une paire de pistolets et accompagné d'un
vrai prêtre, et, surprenant les époux de grand matin, il

1. C'est-à-dire un prêtre qui a prêté le serment, exigé par la Constituante,
à la Constitution civile du clergé (1790). Les prêtres assermentés étaient consi-
dérés comme schismatiques.

aurait dit à son beau-neveu : « Vous allez maintenant, Monsieur, épouser tout de bon ma nièce, et sur l'heure. » Ce qui fut fait.

M. de Pongerville, étant à Saint-Malo en 1851, y connut un vieil avocat de considération, qui lui raconta le même fait, et exactement avec les mêmes circonstances.

Naturellement, dans ses *Mémoires*, M. de Chateaubriand n'a touché mot de cela : il n'a parlé que du procès fait à l'instigation de l'autre oncle. Faut-il croire que, selon le désir de sa mère, ayant à se marier devant un prêtre *non assermenté*, et s'étant engagé à en trouver un, il ait imaginé, dans son indifférence et son irrévérence d'alors, de s'en dispenser en improvisant l'étrange comédie à laquelle l'oncle de sa femme serait venu mettre bon ordre ? — Ce point de sa vie, si on le pouvait, serait à éclaircir, et l'on comprendrait mieux encore par là les chagrins qu'il donna à sa mère, chagrins causés, dit-il, par ses *égarements*, et le mouvement de repentir qu'il dut éprouver plus tard en apprenant sa mort avant d'avoir pu la revoir et l'embrasser[1]*(5).

Les finances de Chateaubriand seraient un chapitre à écrire de son histoire[2]. On ne peut même prétendre ici à l'esquisser. [...] Une des amies les plus fidèles et les plus sincères qu'il ait eues, la duchesse de Duras[3], le connaissant comme elle faisait, s'inquiétait beaucoup de cette situation de fortune, et sa sollicitude perce dans quelques parties qu'elle a données de sa correspondance, au milieu des charmantes choses dont elle est semée. [...]

Mme de Duras avait bien raison[4]; ces embarras d'argent pour les hommes publics tiennent de près à la dignité*(6). [...]

Lorsqu'en 1828 le ministère Villèle tomba, et que se forma le ministère Martignac[5], M. de Chateaubriand réclamait le portefeuille des Affaires étrangères; et comme Charles X ne voulait à aucun prix entendre parler de lui pour ministre, M. de Chateaubriand fit ses conditions avant

---

1. Le récit de Sainte-Beuve est détruit par les pièces de l'état civil de Saint-Malo et par le fait qu'on ne retrouve aucune trace de cet oncle La Vigne-Buisson; 2. L'ouvrage a été écrit : Maurice Levaillant, *Splendeurs et Misères de Chateaubriand*, Paris, 1922, in-8°; 3. *Claire de Coetnempren de Kersaint, duchesse de Duras* (1777-1829). Elle émigra à la Martinique, puis en Angleterre, rentra en France sous le Consulat et vécut à Ussé, en Touraine, jusqu'en 1815. Son salon est un des plus brillants de la Restauration; 4. Sainte-Beuve vient de citer des fragments de lettres de Mme de Duras où elle redoute pour Chateaubriand « les embarras de fortune qui viennent, dans l'ordre des chagrins, tout de suite après ceux du cœur »; 5. Le *ministère Martignac* (1828-1829) était un ministère libéral.

de consentir à n'être qu'ambassadeur[1] : or, l'une de ces conditions fut que, comme il avait été *indûment*[2] privé de son titre de ministre d'État, en 1816, et, par suite, du traitement qui y était affecté, on lui tiendrait compte de tout l'*arriéré* qui (le principe admis) lui était dû, c'est-à-dire de toutes les années de ce traitement qu'il n'avait pas touchées depuis 1816. Il fallut, pour satisfaire à cette incroyable exigence, mettre à contribution la caisse secrète de deux ministères. M. Portalis[3] savait tout cela dans le dernier détail, ayant été l'un des ministres payants; et c'est sans doute pour le punir d'avoir su de telles choses, que M. de Chateaubriand a si maltraité, dans ses *Mémoires*[4], ce respectable personnage. M. de Marcellus[5], qui relève cette amertume singulière de l'auteur des *Mémoires* contre M. Portalis, devenu ministre des Affaires étrangères après M. de La Ferronnays[6], et qui fait remarquer que jamais sa colère n'a éclaté avec autant de violence, même contre M. de Talleyrand, ne sait trop comment se l'expliquer; mais il me semble que l'explication est toute naturelle : M. Portalis occupait la place que M. de Chateaubriand estimait sienne; et, de plus, il était dans le secret d'une négociation peu glorieuse. Combien n'eût-il pas mieux valu être moins grand, moins prodigue et, par là même, moins besoigneux! Le vrai désintéressement, celui qui s'exerce sans faste, y eût trouvé son compte.

Du moins, avec Chateaubriand, il suffisait de boucher des trous, il ne s'agissait pas de combler des abîmes, ni de le crier au monde par-dessus les toits[7].

Ces tristes nécessités satisfaites, Chateaubriand était le plus libéral et le plus généreux des hommes. [...]

Un noble cadre lui seyait bien et lui était même indispensable, mais il n'avait pas de besoins personnels; il aimait à donner, à se dépouiller; quand il voulait plaire, sa galanterie ne connaissait pas de mesure; ambassadeur ou ministre, il eût mis tout son traitement de l'année dans une fête, dans

---

1. A Rome; 2. Parce qu'il avait publié *la Monarchie selon la Charte;* 3. *Joseph-Marie*, comte *Portalis* (1778-1858) : magistrat et homme d'État. C'est le fils du rédacteur du Code civil; 4. Voir les *Mémoires d'outre-tombe,* IIIe partie, livre X; 5. *Marie-Louis Demartin Du Tyrac, comte de Marcellus* (1795-1865) : diplomate; il découvrit la Vénus de Milo. Chateaubriand se lia avec lui lorsqu'il fut ambassadeur à Londres en 1822. Il publia un ouvrage sur Chateaubriand; 6. *Pierre Ferron, comte de La Ferronnays* (1772-1842) : autre diplomate ami de Chateaubriand. Il fut ministre dans le ministère Martignac; 7. Allusion à Lamartine.

une corbeille; il eût fondu toutes les perles de l'océan, toutes les étoiles du ciel, pour un sourire de Cléopâtre[1]. Il avait un cœur de roi ou plutôt une fantaisie de poète*(7).

Tout en disant que je ne m'occupe pas de Chateaubriand politique, j'en parle et je me permets de l'apprécier. Je veux poser la question dans toute sa netteté et sa vérité. [...]

Tous ses écrits politiques sont semés de vues brillantes, d'aperçus historiques supérieurs, de pages d'éclat; mais regardez-y bien, comme on y regardait tout naturellement alors, dans le temps même : c'est toujours agressif, blessant, irritant d'intention et d'application. Les royalistes et les *honnêtes gens* d'un côté, de l'autre les révolutionnaires et les criminels! ici les amis, là les ennemis! les boucs et les brebis, le *bon grain* et l'*ivraie*[2] : c'est en ces termes qu'il établit et maintient sa division tranchée de la France dans toute sa croisade antérieure à son ministère. Il voulait qu'on fît tout pour les purs, et rien que par les purs. [...]

L'homme qui faisait des avances à Béranger, à l'irré-conciliable ennemi des Bourbons, et à l'intime ami de Manuel[3], et qui lui faisait ces avances au lendemain des dernières chansons dénigrantes contre la Dynastie, à la veille de la chute de celle-ci, n'était plus le même que celui qui, de 1814 à 1823, voulait que l'on rompît tout pacte avec l'impiété, — que celui qui, ministre, s'applaudissait, se glorifiait, comme d'un triomphe personnel, de l'expulsion de Manuel arraché de son banc à la Chambre, et de cette violations des libertés parlementaires. [...]

De tout cela je conclus que Chateaubriand était bien loin d'être le ministre principal qui eût rendu la Restauration viable et possible; ce n'était pas un homme d'État ni un vrai politique, bien que ce fût un publiciste des plus brillants; c'était un homme de Lettres passé à la politique, un poète désœuvré et dégoûté que la politique avait débauché sous les plus beaux prétextes.

---

1. Allusion aux folies d'Antoine pour Cléopâtre **2.** Cf. une célèbre parabole de l'Évangile; **3.** *Jacques-Antoine Manuel* (1775-1827) : homme politique libéral célèbre pour avoir été expulsé de la Chambre en 1823, parce qu'il s'opposait à l'expédition d'Espagne, chère à Chateaubriand.

CHATEAUBRIAND
DANS LES « CAUSERIES DU LUNDI »

Lundi 26 novembre 1849.

Mme *Récamier*[1].

Au mois de mai dernier a disparu une figure unique entre les femmes qui ont régné par leur beauté et par leur grâce; un salon s'est fermé, qui avait réuni longtemps, sous une influence charmante, les personnages les plus illustres et les plus divers, où les plus obscurs même, un jour ou l'autre, avaient eu chance de passer. Les premiers en renommée, dans ce groupe de noms mémorables, ont été frappés par la mort presque en même temps que celle qui en faisait l'attrait principal et le lien. Quelques-uns à peine survivent, dispersés et inconsolés aujourd'hui; et ceux qui n'ont fait que traverser un moment ce monde d'élite, ont le droit et presque le devoir d'en parler comme d'une chose qui intéresse désormais chacun et qui est devenue de l'histoire.

Le salon de Mme Récamier était bien autre chose encore, mais il était aussi, à le prendre surtout dans les dernières années, un centre et un foyer littéraire. [...]

M. de Chateaubriand y régnait[2], et, quand il était présent, tout se rapportait à lui; mais il n'y était pas toujours, et même alors il y avait des places, des degrés, des *a-parte* pour chacun. On y causait de toutes choses, mais comme en confidence et un peu moins haut qu'ailleurs. Tout le monde, ou du moins bien du monde allait dans ce salon, et il n'avait rien de banal; on y respirait, en entrant, un air de discrétion et de mystère. La bienveillance, mais une bienveillance sentie et nuancée, je ne sais quoi de particulier qui s'adressait à chacun, mettait aussitôt à l'aise, et tempérait le premier effet de l'initiation dans ce qui semblait tant soit peu un sanctuaire. On y trouvait de la distinction et de la familiarité, ou du moins du naturel, une grande facilité dans le choix des sujets, ce qui est très-important pour le jeu

<hr>

1. Cf. p. 13, note 1; **2.** Chateaubriand passait chez Mme Récamier toutes ses fins d'après-midi.

de l'entretien, une promptitude à entrer dans ce qu'on disait, qui n'était pas seulement de complaisance et de bonne grâce, mais qui témoignait d'un intérêt plus vrai. Le regard rencontrait d'abord un sourire qui disait si bien : *Je comprends*, et qui éclairait tout avec douceur. On n'en sortait pas même une première fois sans avoir été touché à un endroit singulier de l'esprit et du cœur, qui faisait qu'on était flatté et surtout reconnaissant*(1). [...]

M. de Chateaubriand, dans les vingt dernières années, fut le grand centre de son monde, le grand intérêt de sa vie, celui auquel je ne dirai pas qu'elle sacrifiait tous les autres (elle ne sacrifiait personne qu'elle-même), mais auquel elle subordonnait tout. Il avait ses antipathies, ses aversions et même ses amertumes, que les *Mémoires d'outre-tombe* aujourd'hui déclarent assez. Elle tempérait et corrigeait tout cela. Comme elle était ingénieuse à le faire parler quand il se taisait¹, à supposer de lui des paroles aimables, bienveillantes pour les autres, qu'il lui avait dites sans doute tout à l'heure dans l'intimité, mais qu'il ne répétait pas toujours devant les témoins ! Comme elle était coquette pour sa gloire ! Comme elle réussissait parfois aussi à le rendre réellement gai, aimable, tout à fait content, éloquent, toutes choses qu'il était si aisément dès qu'il le voulait ! Elle justifiait bien par sa douce influence auprès de lui le mot de Bernardin de Saint-Pierre : « Il y a dans la femme une gaieté légère qui dissipe la tristesse de l'homme. » Et ici à quelle tristesse elle avait affaire ! tristesse que René avait apportée du ventre de sa mère, et qui s'augmentait en vieillissant ! Jamais Mme de Maintenon ne s'ingénia à désennuyer Louis XIV autant que Mme Récamier pour M. de Chateaubriand. « J'ai toujours remarqué, disait Boileau en revenant de Versailles, que, quand la conversation ne roulait pas sur ses louanges, le roi s'ennuyait d'abord, et était prêt ou à bâiller ou à s'en aller. » Tout grand poète vieillissant est un peu Louis XIV sur ce point. Elle avait chaque jour mille inventions gracieuses pour lui renouveler et rafraîchir la louange. Elle lui ralliait de toutes parts des amis, des admirateurs nouveaux. Elle nous avait tous enchaînés aux pieds de sa statue avec une chaîne d'or.

1. Par exemple, lors de la visite de Lamartine à l'Abbaye-aux-Bois, après la publication de *Jocelyn* (cf. pp. 77 et 78).

Une personne d'un esprit aussi délicat que juste, et qui l'a bien connue[1], disait de Mme Récamier : « Elle a dans le caractère ce que Shakespeare appelle *milk of human kindress* (le lait de la bonté humaine), une douceur tendre et compatissante. Elle voit les défauts de ses amis, mais elle les soigne en eux comme elle soignerait leurs infirmités physiques. » Elle était donc la sœur de charité de leurs peines, de leurs faiblesses, et un peu de leurs défauts.

Que dans ce procédé habituel il n'y eût quelques inconvénients à la longue, mêlés à un grand charme ; que dans cet air si tiède et si calmant, en donnant aux esprits toute leur douceur et tout leur poli, elle ne les amollît et ne les inclinât à la complaisance, je n'oserai le nier, d'autant plus que je crois l'avoir, peut-être, éprouvé moi-même. C'était certainement un salon, où non seulement la politesse, mais la charité nuisait un peu à la vérité. Il y avait décidément des choses qu'elle ne voulait pas voir et qui pour elle n'existaient pas. Elle ne croyait pas au mal. Dans son innocence obstinée, je tiens à le faire sentir, elle avait gardé de l'enfance. Faut-il s'en plaindre ? Après tout, y aura-t-il encore un autre lieu dans la vie où l'on retrouve une bienveillance si réelle au sein d'une illusion si ornée et si embellie ? Un moraliste amer, La Rochefoucauld, l'a dit : « On n'aurait guère de plaisir si on ne se flattait[2] jamais*(2). »

Lundi 18 mars 1850.

Mémoires d'outre-tombe, par M. de Chateaubriand.

Huit volumes sont déjà recueillis. Quoique la publication des dernières parties continue encore en feuilletons[3], on peut dire que ces *Mémoires* sont jugés sous cette première forme, et que l'impression du public est faite ; mais, comme ouvrage, ils ne sont pas encore jugés définitivement.

Je n'ai pas la prétention de venir ici parler sur ce pied-là, ni de me donner les airs d'un juge en dernier ressort. Un tel office me conviendrait bien moins qu'à personne, ayant

---

1. Il est le plus souvent impossible d'identifier les auteurs des propos que rapporte Sainte-Beuve, d'autant plus que Sainte-Beuve aime à se citer lui-même sous le couvert de l'anonyme ; 2. *Se flatter :* non pas « se donner des louanges », mais « se tromper en se déguisant les vérités désagréables » ; 3. Dans *la Presse,* d'Émile de Girardin.

été l'un des premiers autrefois à annoncer ces *Mémoires* encore à l'état de confidence[1]. Il est vrai que, lorsque j'en donnais de si favorables aperçus en avril 1834, je ne parlais que de ce que je connaissais et de ce qui était terminé à cette date; mais on avait déjà l'idée de l'ensemble. J'aime mieux dire que, dans le cadre flatteur et sous le demi-jour enchanté où l'on nous dévoilait alors par degrés ces pages naissantes[2], nos impressions, les miennes comme celles de beaucoup d'autres, étaient jusqu'à un certain point commandées et adoucies par une influence aimable, à laquelle on n'était pas accoutumé de résister. Mᵐᵉ Récamier nous demandait d'être gracieux, et, en vous le demandant, elle vous prêtait de sa grâce. Mais aujourd'hui, après seize années révolues, lorsque nous relisons l'ouvrage imprimé dans toute sa suite, en nous dégageant de tout souvenir complaisant et en nous interrogeant en toute liberté, que pensons-nous*(1)?

Ce que je pense? L'année dernière, pendant un séjour que j'ai fait hors de France dans un pays hospitalier, je me suis posé à loisir cette question par rapport non pas seulement aux *Mémoires*, mais à M. de Chateaubriand lui-même. N'étant lié envers sa haute renommée par d'autre sentiment que celui d'un respect et d'une admiration qu'un libre examen a droit de mesurer, j'ai étudié en lui l'homme et l'écrivain avec détail, avec lenteur, et il en est résulté tout un livre que j'aurais déjà mis en état de paraître[3], si je ne causais ici beaucoup trop souvent. Je me bornerai en ce moment à donner mon impression finale sur les *Mémoires*.

La vérité est qu'ils ont très-peu réussi, aussi peu réussi que possible, et qu'ils ont causé un immense désappointement. [...]

Ils sont peu aimables en effet, et là est le grand défaut. Car pour le talent, au milieu des veines de mauvais goût et des abus de toute sorte, comme il s'en trouve d'ailleurs dans presque tous les écrits de M. de Chateaubriand, on y sent à bien des pages le trait du maître, la griffe du vieux lion, des élévations soudaines à côté de bizarres puérilités et des passages d'une grâce, d'une suavité magique, où se reconnaissent la touche et l'accent de l'enchanteur*(2). [...]

L'homme des *Mémoires d'outre-tombe* ressemble extra-

1. Cf. p. 13, sqq.; 2. Chez Mᵐᵉ Récamier, à l'Abbaye-aux-Bois; 3. *Chateaubriand et son groupe littéraire* ne parut en librairie qu'en 1860.

ordinairement à celui de l'*Essai*, mais il n'y ressemble pourtant qu'avec cette différence que, dans l'intervalle, plus d'un personnage officiel s'est créé en lui, s'est comme ajouté à sa nature, et que même en secouant par moments ces rôles plus ou moins factices, et en ayant l'air d'en faire bon marché, l'auteur des *Mémoires* ne s'en débarrasse jamais complètement. C'est dans cette lutte inextricable entre l'homme naturel et les personnages solennels, dans ce conflit des deux ou trois natures compliquées en lui, qu'il faut chercher en grande partie le désaccord d'impression et de peu d'agrément de cette œuvre bigarrée, où le talent d'ailleurs a mis sa marque.

En fait de style, M. de Chateaubriand, comme tous les grands artistes, a eu plusieurs manières. On est assez généralement convenu de placer la perfection de sa manière littéraire à l'époque des *Martyrs* et de l'*Itinéraire* (1809-1811), et la perfection de sa manière politique à l'époque de sa polémique contre M. de Villèle[1] au *Journal des Débats*[2] (1824-1827); mais, tout en adhérant à cette vue juste, n'oublions point par combien de jugements confidentiels, de révisions et d'épurations successives durent passer *les Martyrs* pour atteindre à cette pureté de forme que nous leur voyons. N'oublions pas non plus que, de même qu'en sa période littéraire M. de Chateaubriand eut Fontanes pour conseiller assidu et fidèle, il eut, pour sa polémique politique aux *Débats*, un ami, homme de goût, et sévère également, M. Bertin l'aîné[3], qui se permettait de retrancher à chaque article ce qu'il ne croyait pas bon, sans que l'auteur (chose rare) s'en plaignît jamais ou même s'en informât. Car, disons-le à sa louange, M. de Chateaubriand, avec cette facilité qui tient à une forte et féconde nature toujours prête à récidiver, ne s'acharnait pas du tout à ses phrases quand un ami sûr y relevait des défauts. Ainsi, pour ses articles des *Débats*, les belles choses restaient, et les mauvaises disparaissaient d'un trait de plume. Que si nous prenons

1. *Jean-Baptiste-Séraphin-Joseph, comte de Villèle* (1773-1854). Maire de Toulouse. Chef du cabinet de 1821 à 1827. Il était le chef du parti *ultra*. La polémique commence à l'avènement de Charles X et se termine à la chute de Villèle; 2. Le *Journal des Débats*, fondé en 1789, puis acheté par les frères Bertin, était un journal libéral. Il fut confisqué en 1811 par Napoléon, qui lui donna le nom de *Journal de l'Empire*; mais il retourna aux Bertin à la première Restauration. La série d'articles de Chateaubriand va du 21 juin 1824 au 18 décembre 1826; 3. *Louis-François Bertin* (1766-1841). C'est lui qui fit le renom du *Journal des Débats*, qu'il dirigea avec son frère cadet, *Bertin de Vaux*.

d'autres écrits de M. de Chateaubriand, d'une date très-rapprochée de celle qu'on répute la meilleure, par exemple les *Mémoires sur le duc de Berry*[1], ou encore les *Etudes historiques*[2], nous y retrouvons toutes les fautes de mesure et de goût qu'on peut imaginer : c'est que l'Aristarque[3] ici lui a manqué. Ceci est pour dire qu'à aucun moment le goût de M. de Chateaubriand n'a été très-mûr et tout à fait sûr, bien que, dans un temps, à juger par quelques-uns de ses écrits, il ait paru tel. Il n'y a donc rien d'étonnant si, dans les *Mémoires d'outre-tombe*, on retrouve de ces premiers défauts qui étaient en lui et auxquels il dut revenir encore plus volontiers avec l'âge*(3).

La première partie des *Mémoires*, celle qui offre la peinture des jours d'enfance et d'adolescence, se rapporte pourtant, par la date de composition, à la plus heureuse époque de la maturité de M. de Chateaubriand, à cette année 1811 dans laquelle il publia l'*Itinéraire*. Aussi, cette partie est-elle de beaucoup la plus légère de touche et la plus pure, et j'ose dire qu'elle le paraîtrait plus encore s'il n'y avait fait mainte fois des surcharges en vieillissant. A partir de 1837 environ, sa main se gâta; ses coups de pinceau devinrent plus heurtés, plus brisés dans leur énergie dernière. Il y avait toujours en lui des reflets et des parfums retrouvés de la Grèce, mais le vieux Celte aussi reparaissait plus souvent. [...] On pourrait affirmer, à la simple vue, que certaines pages, qui portent la date de 1822, ont reçu une couche de 1837*(4).

Mais c'est l'impression morale qui, dans le jugement public, l'a emporté de beaucoup sur l'effet de style. [...]

Partout se révèle et perce un amour-propre presque puéril, qui en toutes choses se préfère naïvement aux autres, qui se donne le beau rôle en le leur refusant, qui se pose en victime et tranche du généreux. Cette lèpre de vanité traverse en tous sens ces *Mémoires*, et vient gâter et compromettre les parties élevées et nobles du talent. Nous autres littérateurs, en entendant d'abord ces lectures[4], séduits par les beaux morceaux, nous n'avions pas été assez sensibles à ce défaut capital; mais le public, moins attentif à la main-d'œuvre et aux détails, ne s'y est pas trompé, et il n'a pas

---

1. Paru en volume dans *les Mélanges historiques* (1827); **2.** 1831; **3.** *Aristarque :* grammairien et critique grec célèbre pour sa sévérité (IIᵉ siècle av. J.-C.). Parangon des critiques; **4.** Allusion aux lectures chez Mᵐᵉ Récamier.

agréé l'homme à travers l'écrivain. Plus l'un lui avait été donné comme grand, plus il a trouvé l'autre petit*(5).

L'inconvénient capital de ces *Mémoires* est qu'on ne sait pas nettement à qui l'on a affaire en les lisant. Est-ce un homme de bonne foi, revenu de tout, un acteur retiré de la scène, qui cause et de lui et des autres, qui dit le bien et le mal, et nous découvre le secret de la comédie ? Est-ce un acteur encore en scène, qui continue avec hauteur et dignité un rôle de théâtre ? Il y a de l'un et il y a de l'autre. Le masque est en partie tombé; mais l'auteur, à chaque moment, le reprend et se le rajuste sur le visage, et, tout en le reprenant, il s'en moque et veut faire comme s'il ne le mettait pas. A travers cette contradiction de mouvements, il se dessine lui-même et se trahit dans sa nature secrète, mais il se fait connaître par le côté où il s'y attendait le moins, où on ne lui en sait pas gré*(6).

Et par exemple, est-ce un homme revenu des préjugés de noblesse et de sang qui nous parle ? Est-ce un gentilhomme sincèrement converti à l'égalité démocratique des mœurs modernes ? Mais il commence par nous déployer en plusieurs pages, au moment de sa naissance, ses parchemins et titres d'antique noblesse; il est vrai qu'après cet exposé généalogique il ajoute : « A la vue de mes parchemins, il ne tiendrait qu'à moi, si j'héritais de l'infatuation de mon père et de mon frère, de me croire cadet des ducs de Bretagne¹... » Mais, en ce moment, que faites-vous donc, sinon de cumuler un reste de cette *infatuation* (comme vous dites) avec la prétention d'en être guéri ? C'est là une prétention double, et au moins l'infatuation dont vous taxez votre père et votre frère était plus simple. [...]

Je dirai la même chose du royaliste en général, chez M. de Chateaubriand. Est-ce l'homme resté fidèle à ses affections du passé, qui nous parle en maint endroit de ces *Mémoires*, ou l'homme qui ne tient à son parti que par point d'honneur, et tout en trouvant *bête* (c'est son mot) l'objet de sa fidélité, et en le lui disant bien haut ? La contradiction de même est là, et elle se fait sentir dans l'impression générale.

Et le chrétien! où est-il, et sommes-nous bien sûrs de l'avoir rencontré en M. de Chateaubriand, et de le tenir ?

---

1. Iʳᵉ partie, livre Iᵉʳ. Chateaubriand vient d'expliquer longuement qu'il est en effet d'une branche cadette des comtes de Bretagne en l'an 1000.

Il est vrai qu'il répète sans cesse : « Comme je ne crois à rien, *excepté en religion...* » Mais cette espèce de parenthèse, qui revient à tout propos et hors de propos, est trop facile à retrancher, et, si on la retranche, que découvre-t-on? « Religion à part, dit M. de Chateaubriand (en un endroit où il parle de l'ivresse et de la folie), le bonheur est de s'ignorer et d'arriver à la mort sans avoir senti la vie. » Le plus souvent en effet, si l'on retranche cette parenthèse de religion qui est là comme pour la forme, on retrouve en M. de Chateaubriand tantôt une imagination sombre et sinistre comme celle d'Hamlet, et qui porte le doute, la désolation autour d'elle, tantôt une imagination épicurienne et toute grecque, qui se complaît aux plus voluptueux tableaux, et qui ira, en vieillissant, jusqu'à mêler les images de Taglioni[1] avec les austérités de Rancé*(7). [...]

La seule chose que je veuille ici conclure, c'est que ces contradictions de sentiments déplaisent et déroutent. On avait bien essayé, dans le temps, d'y saisir, à défaut d'autre lien, je ne sais quelle unité poétique que nous appelions *l'unité d'artiste*, et qui embrassait en elle toutes les contradictions, qui les rassemblait comme en un superbe faisceau. Mais le public n'a pas donné dans ces vues artificielles. Ce qui reste évident pour lui, c'est qu'on ne sent nulle part l'unité de l'homme ni le vrai d'une nature; et, à la longue, ce désaccord devient insupportable dans une lecture de Mémoires.

Le poète Gray[2] a dit des Mémoires en général « que, si on voulait se contenter d'écrire exactement ce qu'on a vu, sans apprêt, sans ornement, sans chercher à briller, on aurait plus de lecteurs que les meilleurs auteurs ». Écrire de cette sorte ce qu'on a vu et ce qu'on a senti, ce serait, en effet, laisser un de ces livres simples et rares comme on en compte à peine quelques-uns. Mais il faudrait, pour cela, se dépouiller de toute affectation personnelle, de toute prétention, et n'avoir point en partage une de ces imaginations impérieuses, toutes-puissantes, qui, bon gré mal gré, se substituent, dans bien des cas, à la sensibilité, au

1. *Marie-Sophie Taglioni* (1804-1884) : danseuse italienne; elle se produisait à Paris au moment où Chateaubriand écrivait la *Vie de Rancé*. Son éloge est véritablement tiré par les cheveux : on passe de Rancé à Voltaire, de Voltaire à Adrienne Lecouvreur et à la danseuse Gaussin et, de là, à Taglioni. La phrase a disparu dès la deuxième édition; 2. *Thomas Gray* (1716-1771) : poète élé-giaque anglais.

jugement, et même à la mémoire. Or, une telle imagination est précisément le don et la gloire de M. de Chateaubriand; il est curieux de voir combien, à ce miroir brillant, il s'est inexactement souvenu de ses propres impressions antérieures, et comme il leur a substitué, sans trop le vouloir, des impressions de fraîche date et toutes récentes. Ceux qui ont eu entre les mains des lettres de lui, datées de ces temps anciens, et dans lesquelles il racontait ce qu'il sentait alors, ont pu comparer ce qu'il y disait avec ce qu'il a dit depuis dans ses *Mémoires* : rien ne se ressemble moins. [...] Il a substitué plus ou moins les sentiments qu'il se donnait dans le moment où il écrivait, à ceux qu'il avait réellement au moment qu'il raconte.

C'est surtout en lisant la première partie, si pleine d'intérêt, ces scènes d'intérieur, d'enfance et de première jeunesse, où les impressions, idéalisées sans doute, ne sont pas sophistiquées encore et sont restées sincères, c'est à ce début qu'on sent combien un récit plus simple, plus suivi, moins saccadé, portant avec soi les passages naturellement élevés et touchants, serait d'un grand charme. Mais bientôt une des deux choses vient barrer le plaisir : ou une imagination bizarre et sans goût, ou une énorme et puérile vanité. La vanité d'abord et surtout, inimaginable à ce degré dans un aussi noble esprit, une vanité d'enfant ou de sauvage; une personnalité qui se pique d'être désabusée et qui se fait centre de toute chose, que l'univers englouti n'assouvirait pas, que tout gêne, que Bonaparte surtout importune; qui se compare, chemin faisant, à tout ce qu'elle rencontre de grand pour s'y mesurer et s'y égaler*(8). [...]

L'imagination aussi vient trop fréquemment chez lui gâter le plaisir, celui même qu'elle nous a fait; une imagination imprévue, bizarre, exorbitante, grandiose certes et enchanteresse souvent, retrouvant à souhait jeunesse et fraîcheur, mais inégale, saccadée*(9), pleine de brusqueries et de cahotements : le vent tout à coup saute, et l'on est à l'autre bout de l'horizon. On a peine, dans bien des cas, à saisir le fil très léger qui unit l'idée présente à la réminiscence, au souvenir que l'auteur évoque. Il cherche un effet, et il le produit bien des fois, comme aussi il le manque. Une plaisanterie singulière circule dans une grande partie de ces *Mémoires* et s'y accorde toute licence, une sorte de plaisanterie forte d'accent et haute en saveur, mais sans agrément et sans légèreté. La gaieté, chez M. de Chateaubriand, n'a rien de naturel et de doux; c'est une sorte d'*humeur*[1] ou de fantaisie qui se joue sur un fond triste, et le rire crie souvent. L'auteur n'est pas tout bonnement gai, ou du moins il l'est à la manière celtique plus qu'à la française, et sa gaieté, telle qu'il l'exprime, a bientôt l'air forcé et tiré. Elle ne se refuse aucune image rebutante et semble plutôt s'y exciter; les images de charnier même ne lui déplaisent pas; c'est par moments la gaieté du fossoyeur, comme dans la scène d'*Hamlet*. [...]

M. de Chateaubriand est seulement le premier écrivain d'imagination qui ouvre le dix-neuvième siècle; à ce titre, il reste jusqu'ici le plus original de tous ceux qui ont suivi, et, je le crois, le plus grand. C'est de lui que viennent comme de leur source les beautés et les défauts que nous retrouvons partout autour de nous, et chez ceux même que nous admirons le plus : il a ouvert la double porte par où sont entrés en foule les bons et les mauvais songes[2]. Il y aurait encore beaucoup à dire sur ces *Mémoires*, en les abordant dans le détail et en les prenant dans leurs diverses parties. J'aurais aimé parler de l'épisode de Charlotte[3] et du Chateaubriand romanesque : le Chateaubriand politique demanderait aussi une étude à part. Dès aujourd'hui une conclusion me paraît incontestable : entre les divers portraits ou statues qu'il a essayé de donner de lui, M. de Chateaubriand n'a réussi qu'à produire une seule œuvre parfaite, un idéal de lui-même où les qualités avec les défauts nous apparaissent arrêtés à temps et fixés dans une attitude immortelle — c'est *René*.

Lundi 27 mai 1850.

Mémoires d'outre-tombe, par M. de Chateaubriand.

LE CHATEAUBRIAND ROMANESQUE ET AMOUREUX.

Je suis loin d'avoir dit tout ce que j'aurais à dire sur les Mémoires de M. de Chateaubriand. Leur succès s'est fort ranimé depuis les derniers mois, ou du moins l'impression

1. Sainte-Beuve traduit le mot anglais *humour*. Le mot se trouve cependant dans Littré quinze ans plus tard; 2. Dans *l'Enéide* (VI, 893 sqq.), l'opposition est entre les ombres réelles et les songes illusoires. Les premières sortent des Enfers par la porte de corne, les seconds par la porte d'ivoire; 3. Cf. p. 36 et la note 4.

qu'ils ont causée, de quelque nature qu'elle soit, a été
vive. En abordant la politique brûlante de 1830, l'homme
de polémique a rencontré et rouvert quelques-unes de nos
plaies d'aujourd'hui; il les a fait saigner et crier. Chaque
parti a vite arraché la page qui convenait à ses vues ou à
ses haines, sans trop examiner si le revers de la page ne
disait pas tout le contraire, et ne donnait pas un démenti,
un soufflet presque à ce qui précédait. [...] Mais je reviendrai
à fond sur ce prodigieux caractère de l'homme politique
(si on peut appeler cela un homme politique). [...]
Aujourd'hui je ne veux parler que du Chateaubriand
romancier, romanesque et amoureux.

C'est là aussi un côté bien essentiel de Chateaubriand,
une veine qui tient au plus profond de sa nature et de son
talent. Il y a longtemps que je me suis défini Chateaubriand :
un épicurien qui a l'imagination catholique. Mais ceci demande
explication et développement. Les *Mémoires*, là comme
ailleurs, disent beaucoup, mais ne disent pas tout. [...]

En ce qui touche ses amours, par exemple, les amours
qu'il a inspirées et les caprices ardents qu'il a ressentis (car
il n'a guère jamais ressenti autre chose), il est très-discret,
par soi-disant bon goût, par chevalerie, par convenance
demi-mondaine, demi-religieuse, parce qu'aussi, écrivant
ses *Mémoires* sous l'influence et le regard de celle qu'il
nommait Béatrix et qui devait y avoir la place d'honneur,
de Mme Récamier, il était censé ne plus aimer qu'elle et
n'avoir jamais eu auparavant que des attachements d'un
ordre moindre et très-inégal ou inférieur. Le passé était
ainsi sacrifié ou subordonné au présent. Le maître-autel
seul restait en vue : on déroba et on condamna toutes les
petites chapelles particulières.

Quand on sut que M. de Chateaubriand écrivait ses
Mémoires, une femme du monde, qu'il avait dans un temps
beaucoup aimée ou désirée, lui écrivit un mot pour qu'il
eût à venir la voir. Il vint. Cette femme, qui n'était pas d'un
esprit embarrassé, lui dit : « Ah çà! j'espère bien que vous
n'allez pas souffler mot sur... » Il la tranquillisa d'un sourire,
et répondit que ses *Mémoires* ne parleraient pas de toutes
ces choses.

Or, comme tous ceux qui ont connu M. de Chateaubriand
savent que ces *choses* ont tenu une très-grande place dans
sa vie, il s'ensuit que ces *Mémoires*, où il dit tant de vérités

à tout le monde et sur lui-même, ne contiennent pourtant
pas tout sur lui, si l'on n'y ajoute quelque commentaire ou
supplément. Nous serons très-discret à notre tour, nous
efforçant seulement de bien définir cette corde si fondamentale en ce qui touche l'âme et le talent du grand écrivain*(1).

C'est dans des parties accessoires, dans des pages de
rêverie telles qu'en offrent à tout propos les *Mémoires*
de M. de Chateaubriand, qu'il faudrait plutôt chercher
là-dessus des révélations vraies et sincères. [...]

Quand M. de Chateaubriand s'en allait au tombeau de
Jésus-Christ pour y honorer le berceau de sa foi, pour y
puiser de l'eau du Jourdain, et, en réalité, pour y chercher
des couleurs nécessaires à son poème des *Martyrs*, le voilà
qui confesse ici qu'il allait dans un autre but encore. Une
personne qu'il aimait et poursuivait vivement alors, une
enchanteresse lui avait dit : « Songez à votre gloire avant
tout, faites votre voyage d'abord, et après... après... nous
verrons! » Et c'était à l'Alhambra qu'elle lui avait donné
rendez-vous au retour, et laissé entrevoir la récompense.
Elle s'y était rendue de son côté, et l'on assure que les noms
des deux pèlerins se lisaient encore, il y a quelques années,
sur les murailles moresques où ils les avaient tracés¹*(2).

Or, j'ouvre les *Mémoires* de Chateaubriand à l'endroit
de son retour de Palestine, et je cherche vainement un
détail, une révélation tendre, fût-elle un peu en désaccord
avec l'*Itinéraire*, enfin de ces choses qui peignent au vrai
un homme et un cœur dans ses contradictions, dans ses
secrètes faiblesses. Point. Il se contente de dire : « Je traver-
sai d'un bout à l'autre cette Espagne où, seize années plus
tard, le Ciel me réservait un grand rôle, en contribuant à
étouffer l'anarchie... » Et il entonne un petit hymne en son
honneur à propos de cette guerre d'Espagne dont il ne cesse
de se glorifier, tout en voulant paraître le plus libéral des
ministres de la Restauration. Ainsi, dans cette partie des
Mémoires l'homme officiel a tout dérobé, le solennel est
venu se mettre au-devant de la mystérieuse folie.

Puisque vous prétendiez nous raconter toute votre vie,
ô Pèlerin, pourquoi donc ne pas nous dire à quelle fin vous
alliez ce jour-là tout exprès à Grenade? Y dussiez-vous
perdre un peu comme chrétien, comme croisé et comme

1. Pour tout cela et pour le nom de « l'enchanteresse », cf. p. 71, note 1.

personnage de montre[1], vous y gagneriez, ô Poète, comme homme, et vous nous toucheriez. Je sais bien que vous l'avez dit d'une autre manière, en le voilant de romanesque et de poésie, dans *le Dernier des Abencérages ;* mais, du moment que vous faisiez des Mémoires, il y avait lieu et il y avait moyen de nous laisser mieux lire dans ce cœur, s'il fut vrai et sincèrement entraîné un jour.

Ce n'est guère que dans les souvenirs d'enfance que l'auteur a osé ou voulu dire un peu plus. Mais encore, si charmante et si réelle à certains égards que soit la Lucile des *Mémoires d'outre-tombe,* il en est peut-être moins dit sur elle et sur sa plaie cachée, que dans les quelques pages où nous a été peinte l'Amélie de *René.* Quant aux autres émotions de ses jeunes années, M. de Chateaubriand s'est contenté de les confondre poétiquement dans un nuage, et de les mettre en masse sur le compte d'une certaine *Sylphide*[2], qui est là pour représenter idéalement les petites erreurs d'adolescence ou de jeunesse que d'autres auraient décrites sans doute avec complaisance, et que M. de Chateaubriand a mieux aimé couvrir d'une vague et rougissante[3] vapeur. Nous ne l'en blâmons pas, nous le remarquons*(3).

Le seul épisode où l'auteur des *Mémoires* se soit développé avec le plus d'apparence de vérité et de naïveté, est celui de Charlotte[4], fraîche peinture de roman naturel et domestique, qui se détache dans les récits de l'exil. [...] Mais, au moment où tout va s'aplanir, où la jeune fille est touchée, où sa mère, qui la devine, prévient l'aveu et offre d'elle-même l'adoption de famille au jeune étranger, un mot fatal vient rompre l'enchantement : *Je suis marié !* et il part. Tout cela est raconté avec charme, poésie et vérité, hors pourtant deux ou trois traits qui déparent ce gracieux tableau. Ainsi, à côté de la jeune miss Ives, il est trop question de cette mère *presque aussi belle* que sa fille, de cette mère qui, lorsqu'elle est près de confier au jeune homme le secret qu'elle a saisi dans le cœur de son enfant, se trouble, baisse les yeux et rougit : « Elle-même, séduisante

---

1. *Montre :* parade, étalage (Littré) ; 2. *Sylphide* forme une sorte de féminin à *sylphe,* qui est le nom que les cabalistes donnaient aux génies élémentaires de l'air. Pour Chateaubriand, c'est une femme imaginaire ; 3. C'est-à-dire pudique ; 4. *Charlotte* Ives est la fille d'un ministre anglais qui habitait un bourg du Suffolk, Bungay. Chateaubriand connut la famille parce qu'il donnait des leçons de français à la jeune fille (ce qu'il ne dit pas) ; cf. *Mémoires d'outre-tombe,* Iʳᵉ partie, livre VIII.

dans ce trouble, il n'y a point de sentiment qu'elle n'eût pu revendiquer pour elle. » C'est une indélicatesse de tant insister sur cette jolie *maman*. On se demande quelle idée traverse l'esprit du narrateur, en ce moment où il devrait être tout entier à la chaste douleur du souvenir. Dans la supposition qu'une telle idée vienne, on ne devrait jamais l'écrire (*a*). Cela trahit, du reste, les goûts libertins que le noble auteur avait en effet dans sa vie, assurent ceux qui l'ont bien connu, mais qu'il cachait si magnifiquement dans ses premiers écrits : sa plume, en vieillissant, n'a plus su les contenir. En ce qui est de cette mère de Charlotte, c'est à la fois un trait de mauvais goût et l'indice d'un cœur médiocrement touché*(4). La fin de l'épisode de Charlotte est gâtée par d'autres traits de mauvais goût encore et de fatuité. [...]

M. de Chateaubriand était un homme à bonnes fortunes, mais il l'était comme Louis XIV ou comme Jupiter. Il serait curieux de suivre et d'énumérer les principaux noms de femmes vraiment distinguées qui l'ont successivement et quelquefois concurremment aimé, et qui se sont dévorées pour lui. L'ingrat! dans cet épisode de Charlotte, il a osé dire, voulant faire honneur à cet amour de la jeune Anglaise : « Depuis cette époque, je n'ai rencontré qu'un attachement assez élevé pour m'inspirer la même confiance. » Cet attachement unique, pour lequel il fait exception, est celui de Mme Récamier. Cette charmante femme méritait certes bien des exceptions; une telle parole toutefois est ingrate et fausse. Eh! quoi? il supprime d'un trait tant de femmes tendres, dévouées, qui lui ont donné les plus chers et les plus irrécusables gages. Il supprime, il oublie tout d'abord Mme de Beaumont[1]. O vous toutes qui l'avez aimé, et dont quelques-unes sont mortes en le nommant, ombres adorables, Lucile dont la raison s'est d'abord troublée pour lui seul peut-être, et vous, Pauline, qui mourûtes à Rome et qui fûtes si vite remplacée, et tant de nobles amies qui

---

a) Passe pour Crispin[2], qui, dans la jolie comédie de Le Sage (*Crispin rival de son maître*), dit, en voyant Mme Oronte et sa fille : « Malepeste! la jolie famille! Je ferais volontiers ma femme de l'une et ma maîtresse de l'autre. »

1. Cf. p. 44, note 4; c'est elle qui mourut à Rome; **2.** Type des valets de comédie.

auraient voulu, au prix de leur vie, lui faire la sienne plus
consolée et plus légère; vous, la dame de Fervaques[1]; vous,
celle des jardins de Méréville[2]; vous, celle du château
d'Ussé[3]; levez-vous, ombres d'élite, et venez dire à l'ingrat
qu'en vous rayant toutes d'un trait de plume, il ment à ses
propres souvenirs et à son cœur*(5).

Ce que voulait M. de Chateaubriand dans l'amour, c'était
moins l'affection de telle ou telle femme en particulier que
l'occasion du trouble et du rêve, c'était moins la personne
qu'il cherchait que le regret, le souvenir, le songe éternel,
le culte de sa propre jeunesse, l'adoration dont il se sentait
l'objet, le renouvellement ou l'illusion d'une situation chérie.
Ce qu'on a appelé *de l'égoïsme à deux* restait chez lui de
l'égoïsme à un seul. Il tenait à troubler et à consumer bien
plus qu'à aimer. On[4] nous a assuré que, quand il voulait
plaire, il avait pour cela, et jusqu'à la fin, des séductions,
des grâces, une jeunesse d'imagination, une fleur de langage,
un sourire qui étaient irrésistibles, et nous le croyons sans
peine. « Oh! que cette race de René est aimable! s'écriait
une femme d'esprit qui l'a bien connu; c'est la plus aimable
de la terre. » Pourtant il n'était pas de ceux qui portent dans
l'amour et dans la passion la simplicité, la bonté et la franchise d'une saine et puissante nature. Il avait surtout de
l'enchanteur et du fascinateur. Il s'est peint avec ses philtres
et sa magie, comme aussi avec ses ardeurs, ses violences de
désir et ses orages, dans les épisodes d'Atala, de Velléda,
mais nulle part plus à nu que dans une lettre, une espèce
de testament de René, qu'on lit dans *les Natchez*. Cette
lettre est, sur l'article qui nous occupe, sa vraie confession
entière. Rappelons-en ici quelque chose; c'est là le seul
moyen de le pénétrer à fond, cœur et génie, et de le bien
comprendre.

René, qui se croit en péril de mourir, écrit à Céluta, sa
jeune femme indienne, une lettre où il lui livre le secret
de sa nature et le mystère de sa destinée. Il lui dit :

« Un grand malheur m'a frappé dans ma première jeunesse;

1. *Louise-Eléonore de Sabran, marquise de Custine* (1770-1826). Sa liaison
avec Chateaubriand dura de 1803 à 1806. Fervacques est près de Lisieux;
2. *Méréville*, au sud de Paris, appartenait à Mme de Laborde; c'est là que
Mme de Vintimille présenta Chateaubriand à Nathalie de Noailles; 3. Mme de
Duras. Cf. p. 81, note 3 ; Ussé est un des châteaux les plus connus de la vallée
de la Loire; 4. On : c'est en particulier Hortense Allart.

ce malheur m'a fait tel que vous m'avez vu. J'ai été aimé, trop aimé...

« Céluta, il y a des existences si rudes, qu'elles semblent accuser la Providence et *qu'elles corrigeraient de la manie d'être.* Depuis le commencement de ma vie, je n'ai cessé de nourrir des chagrins; j'en portais le germe en moi comme l'arbre porte le germe de son fruit. Un poison inconnu se mêlait à tous mes sentiments...

« Je suppose, Céluta, que le cœur de René s'ouvre maintenant devant toi : vois-tu le monde extraordinaire qu'il renferme? *Il sort de ce cœur des flammes qui manquent d'aliment, qui dévoreraient la création sans être rassasiées, qui te dévoreraient toi-même...* »

C'est bien cela, et il nous la définit en maître cette flamme sans chaleur, cette irradiation sans foyer, qui ne veut qu'éblouir et embraser, mais qui aussi dévaste et stérilise.

On aura remarqué cette incroyable expression, *la manie d'être,* pour désigner et comme insulter l'attachement à la vie. Ce sentiment instinctif et universel qui fait que pour tout mortel, même malheureux, la vie peut se dire douce et chère, qui fait aimer, regretter à tous les êtres, une fois nés, *la douce lumière du jour,* il l'appelle une manie.

Il continue sur ce ton, bouleversant à plaisir tous les sentiments naturels, avec une magie pleine d'intention et d'artifice. [...] C'est ainsi qu'il a donné à la passion un nouvel accent, une note nouvelle, fatale, folle, cruelle, mais singulièrement poétique : il y fait toujours entrer un vœu, un désir ardent de destruction et de ruine du monde.

En même temps qu'il dit à Céluta qu'il ne l'aime pas, qu'il ne l'a jamais aimée et qu'elle ne l'a jamais connu, il a la prétention de ne vouloir jamais être oublié d'elle, de ne pouvoir jamais être remplacé : « Oui, Céluta, si vous me perdez, vous resterez veuve : qui pourrait vous environner de cette flamme que je porte avec moi, *même en n'aimant pas?* » Ainsi il prétend, dans son orgueil, qu'en ne donnant rien il en fait plus que les autres ne font en donnant tout, et que ce rien suffit pour tout éclipser à tout jamais dans un cœur. Ce qui est singulier, c'est qu'il n'a guère dans sa vie rencontré de femme qui ne lui ait donné raison. Tant la séduction était grande! [...]

Je reviens à cette singulière lettre de René des *Natchez.* Céluta a une fille. René, parlant de cette fille qui est aussi la sienne, regrette de l'avoir eue; il recommande à sa mère de ne pas le faire connaître à elle, à sa propre enfant : « Que René reste pour elle un homme inconnu, dont l'étrange

destin raconté la fasse rêver sans qu'elle en pénètre la cause :
je ne veux être à ses yeux que ce que je suis, un pénible
songe. » Ainsi, perversion étrange du sentiment le plus pur
et le plus naturel! René, pour paraître plus grand, aime
mieux frapper l'imagination que le cœur; il aime mieux
(même dans ce cas où il se suppose père) être rêvé de sa
fille que d'en être connu, regretté et aimé. Il fait de tout,
même du sentiment filial, matière à apothéose et à vanité. [...]

Comme poète, en donnant à la passion une expression
plus pénétrante et parfois sublime, il a surtout usé de ce
procédé qui consiste à mêler l'idée de mort et de destruction,
une certaine rage satanique, au sentiment plus naturel et
ordinairement plus doux du plaisir; et c'est ici que j'ai à
mieux définir cette sorte d'*épicuréisme*[1] qui est le sien, et
dont j'ai parlé. [...]

Le christianisme est venu, qui, là où il n'apporte pas la
paix, apporte le trouble et laisse le glaive dans le cœur, y
laisse la douleur aiguë. Le christianisme perverti refait un
épicuréisme qui n'est plus le même après qu'auparavant,
et qui se sent de la hauteur de la chute. C'est l'épicuréisme
de l'Archange[2]. Toi-même, ô doux Lamartine, dans ton
Ange déchu[3], tu n'en fus pas exempt! Tel est aussi celui de
René, celui d'Atala mourante, quand elle s'écrie, parlant à
Chactas : « Tantôt j'aurais voulu être avec toi la seule
créature vivante sur la terre; tantôt, sentant une Divinité
qui m'arrêtait dans mes horribles transports, j'aurais désiré
que cette Divinité se fût anéantie, pourvu que, serrée dans
tes bras, j'eusse roulé d'abîme en abîme *avec les débris de
Dieu et du monde !* » Nous touchons là à l'accent distinctif
et nouveau qui caractérise Chateaubriand dans le sentiment
et dans le cri de la passion. Il n'a pu se l'interdire tout à
fait, même dans le récit, d'ailleurs plus pur et plus modéré,
qu'il a fait de Charlotte. Il se trahit tout à la fin, et, dans
l'odieuse supposition qu'il l'eût pu séduire en la revoyant
après vingt-sept années, il s'écrie : « Eh bien! si j'avais serré
dans mes bras épouse et mère, celle qui me fut destinée
vierge et épouse, c'eût été *avec une sorte de rage...* » N'est-ce
pas ainsi encore que René écrivait, dans cette fameuse lettre

1. Cf. p. 26. Nous disons *épicurisme ;* Littré condamne *épicuréisme.* Épicure
n'a rien à voir ici, il s'agit seulement de la recherche de la volupté à tout prix;
2. De l'Archange déchu, Lucifer; 3. Le héros de *la Chute d'un ange* n'est
pas Lucifer, mais un ange moins illustre, Cédar.

à Céluta : « Je vous ai tenue sur ma poitrine au milieu du désert... J'aurais voulu vous poignarder pour fixer le bonheur dans votre sein, et pour me punir de vous avoir donné ce bonheur! » Eh! pourquoi donc cette rage perpétuelle de vanité jusque dans l'amour? Il semble que, même alors qu'il se pique d'aimer, cet homme voudrait détruire le monde, l'absorber en lui bien plutôt que le reproduire et le perpétuer; il le voudrait allumer de son souffle pour s'en faire un flambeau d'hyménée, et l'abîmer en son honneur dans un universel embrasement*(**6**). [...]

Ce que Chateaubriand est là dans ses écrits à l'état idéal, il l'était aussi plus ou moins dans la vie, auprès des femmes qu'il désirait et dont il voulait se faire aimer. Il ne se piqua jamais d'être fidèle : les dieux le sont-ils avec les simples mortelles qu'ils honorent ou consument en passant? Tant qu'il put marcher et sortir, la badine à la main, la fleur à sa boutonnière, il allait, il errait mystérieusement. Sa journée avait ses heures et ses stations marquées comme les signes où se pose le soleil. De une à deux heures, — de deux à trois heures, — à tel endroit, chez telle personne; — de trois à quatre, ailleurs; — puis arrivait l'heure de sa représentation officielle hors de chez lui; on le rencontrait en lieu connu et comme dans son cadre avant le dîner[1]. Puis le soir (n'allant jamais dans le monde), il rentrait au logis en puissance de Mme de Chateaubriand, laquelle alors avait son tour, et qui le faisait dîner avec de vieux royalistes, avec des prédicateurs, des évêques et des archevêques : il redevenait l'auteur du *Génie du christianisme* jusqu'à nouvel ordre, c'est-à-dire jusqu'au lendemain matin. Le soleil se levait plus beau; il remettait la fleur à sa boutonnière, sortait par la porte de derrière de son enclos, et retrouvait joie, liberté, insouciance, coquetterie, désir de conquête, certitude de vaincre, de une heure jusqu'à six heures du soir. Ainsi, dans les années du déclin, il passait sa vie, et trompa tant qu'il put la vieillesse*(**7**).

Les *Mémoires* nous feraient croire vraiment qu'il se convertit tout à fait dans ses vingt dernières années, et qu'il n'adora plus qu'une Béatrix unique[2]. Tout cela est bon pour les lecteurs qui ne l'ont pas connu, ou pour ceux qui ne voient jamais de la scène que le devant. [...]

1. Chez Mme Récamier; 2. Mme Récamier.

La vérité finale et *vraie* sur lui, la voulez-vous ? Il va nous dresser son dernier inventaire et déposer le bilan de son âme :

« (Dimanche, 6 juin 1841.) J'ai fini de tout et avec tout : mes Mémoires sont achevés; vous m'y retrouverez quand je ne serai plus. Je ne fais rien; je ne crois plus ni à la gloire ni à l'avenir, ni au pouvoir ni à la liberté, ni aux rois ni aux peuples. J'habite seul, pendant une absence, un grand appartement où je m'ennuie et attends vaguement je ne sais quoi que je ne désire pas et qui ne viendra jamais. Je ris de moi en bâillant, et je me couche à neuf heures. J'admire ma chatte qui va faire ses petits, et je suis éternellement votre fidèle esclave; sans travailler, libre d'aller où je veux et n'allant nulle part. Je regarde passer à mes pieds ma dernière heure. »

Religion et morale à part, il n'y a qu'à s'incliner, convenons-en, devant l'expression d'une si désolée et si suprême mélancolie.

Eh bien! cet homme-là que nous avons vu à la fin, assis, muet, maussade, disant *non* à toute chose, cet homme cloué dans tous ses membres, et qui se ronge de rage comme un vieux lion, il a sous main des retours charmants, des éclairs. S'il peut s'échapper encore un instant, s'il peut se traîner, un jour de soleil, au Jardin des Plantes auprès de celle[1] qui du moins sait l'égayer dans un rayon et lui rendre le sentiment du passé, il s'anime, il renaît, il se reprend au printemps, à la jeunesse; il se ressouvient de Rome, il s'y revoit comme par le passé : « Voyez-vous toujours ce chemin fleuri qui part de l'obélisque de Saint-Jean-de-Latran ? » Il retrouve la grâce, l'imagination, presque de la tendresse*(8).

Lundi 30 septembre 1850.

Chateaubriand, homme d'Etat et politique.

M. de Chateaubriand commença sa carrière politique avec la Restauration en 1814; il avait quarante-cinq ans, il avait publié tous ses grands ouvrages littéraires, et il se sentait dans un certain embarras pour appliquer désormais ses hautes et vives facultés. L'Empire, contre qui il s'était mis

---

1. Hortense Allart; Chateaubriand l'avait connue à Rome; cf. p. 79, note 3.

en lutte, l'étouffait : quand le colosse parut chanceler, Chateaubriand tressaillit; quand tout croula, il poussa un cri, un cri de joie sauvage. Dès le premier jour, il fut dans l'arène, et on peut dire, en lui empruntant une de ses images, qu'il entra dans la Restauration en rugissant. « *J'avais rugi*, dit-il après sa chute de 1824, *en me retirant des affaires*. » Il aurait pu dire de même : « J'avais rugi en y entrant. »

Quelle était donc cette nature impétueuse et passionnée qui a pris et quitté si vivement les choses de ce monde, tout en s'en proclamant si désabusé ?

M. de Chateaubriand, au milieu des songes et des fantômes de son imagination, a toujours eu le goût des études sérieuses. Son premier écrit, son *Essai sur les révolutions*, atteste l'étendue et la diversité de ses lectures, et un penchant marqué aux considérations politiques dans les intervalles de la rêverie. A cette première époque de sa vie, le jeune écrivain, bien qu'émigré, n'avait épousé de cœur aucune cause politique; on se rappelle son mot sur Chamfort[1] : « Je me suis toujours étonné qu'un homme qui avait tant de connaissance des hommes, eût pu épouser si chaudement une cause quelconque. » Un tel mot donne la mesure des convictions de M. de Chateaubriand au moment où il l'écrivait. Il ne faut jamais oublier, en le jugeant plus tard, cette indifférence fondamentale sur laquelle germèrent, depuis, toutes les passions, toutes les espérances et les irritations politiques, et les plus magnifiques phrases qu'ait jamais produites talent d'écrivain. Mais ce fond d'indifférence subsista toujours, et il se retrouve subitement chez lui aux instants où l'on s'y attend le [moins. [...] Jeune, M. de Chateaubriand put donc obéir à l'honneur et payer sa dette en émigrant, mais il n'était nullement royaliste de cœur et d'affection, et il [n'a pas menti à la fin de sa carrière quand il a dit, en s'en vantant : « Notre cœur n'a jamais beaucoup battu pour les rois. »

Il rentra en France en 1800, et la vérité est qu'il se rallia très-franchement et très-entièrement au Consulat. La préface de la première édition du *Génie du christianisme* se termine par une citation (supprimée depuis) où Bonaparte est comparé à Cyrus. [...]

Dès lors une velléité d'ambition politique le saisit; il entra

---

1. *Sébastien-Roch-Nicolas Chamfort* (1741-1794) : moraliste qui fut un ardent révolutionnaire en 1789.

dans les affaires, il alla à Rome sous le cardinal Fesch¹. Mais le dirai-je ? même avant sa démission donnée, il était déjà découragé et dégoûté au début. Toutes ses lettres écrites à cette date le prouvent. Il ne cherchait qu'une porte pour sortir : la mort du duc d'Enghien lui en offrait une, belle et magnifique, une sortie éclatante, comme il les aimait; il n'y résista pas, et, le lendemain de cette démission, il se trouva, on peut l'affirmer, bien autrement royaliste qu'il ne l'avait jamais été jusque-là*(1). [...]

Une idée se dessine déjà : M. de Chateaubriand, en poète qu'il est, regrette la jeunesse, et il la veut remplacer du moins par quelque chose de grand, de sérieux, d'occupé, et qui en vaille la peine; il veut de l'éclat et de la gloire pour *se rajeunir*. Dans ses *Mémoires*, le chapitre par lequel il entame sa vie politique et qu'il intitule *De Bonaparte*, débute également par une page qui va rejoindre la dernière invocation de ce poème des *Martyrs :* « La jeunesse est une chose charmante; elle part au commencement de la vie, couronnée de fleurs, comme la flotte athénienne pour aller conquérir la Sicile... » Et le poète conclut que, quand la jeunesse est passée avec ses désirs et ses songes, il faut bien, en désespoir de cause, se rabattre à la terre et en venir à la triste réalité. Que faire alors ? On fait de la politique, faute de mieux; la politique, pour ces grands poètes, n'est donc qu'un pis-aller, ils s'y rabattent quand les ailes leur manquent. Cette idée de M. de Chateaubriand est exacte-ment celle de M. de Lamartine*(2). [...]

Il est fort à craindre [...] que quand on aborde la politique à ce point de vue, dans ces dispositions d'un génie désœuvré qui veut faire absolument quelque chose et se désennuyer en s'illustrant², on n'y cherche avant tout des émotions et des rôles.

M. de Chateaubriand fit véritablement explosion en poli-tique au mois d'avril 1814, par sa fameuse brochure : *De Buonaparte et des Bourbons*. Il entra dans cette carrière nouvelle l'épée à la main comme un vainqueur forcené, et du premier jour il embrassa la Restauration, de toute sa haine contre le régime qui tombait. Ici commence pour M. de Chateaubriand une période de sa vie politique qu'on

---

1. *Joseph Fesch* (1763-1839), oncle de Napoléon. Il fut envoyé comme ambassadeur auprès du Vatican en 1803. Chateaubriand fut nommé premier secrétaire en mai 1803; 2. C'est-à-dire : en se rendant illustre.

CHATEAUBRIAND ET SON GROUPE — 105

ne parviendra jamais à mettre en accord avec la seconde partie. Cette vie politique, depuis 1814, peut se diviser en trois temps : 1º du 30 mars 1814 au 6 juin 1824, la période royaliste pure; 2º du 6 juin 1824, jour de son renvoi du ministère jusqu'à la chute de la Restauration, la période libérale en contradiction ouverte avec la première; 3º la période de royalisme et de républicanisme après Juillet 1830, quand Chateaubriand dit à la duchesse de Berry pour l'acquit de sa conscience : *Votre fils est mon roi*, et qu'il donne en même temps une main à Carrel[1], une autre à Béranger, et prend à l'avance ses précautions avec la république future. Les Mémoires, écrits dans cette dernière période[2], en expriment toutes les contradictions, et contiennent tous les aveux qu'il suffit de rapprocher*(3).

Pour avoir la clef de ces contradictions et s'expliquer tout l'homme, on n'a d'ailleurs qu'à recourir à cette nature poétique et *littéraire*, qui est essentielle et fondamentale en M. de Chateaubriand : c'est de ce dernier côté seulement qu'on trouvera l'explication. Quiconque le voudrait prendre purement et simplement comme un homme politique, et prétendrait découvrir par des raisons de cet ordre les motifs fondés de ses variations et de ses disparates, n'en viendrait jamais à bout. [...]

[L']alliance entre l'honneur et la liberté compose ce que j'appelle l'écusson politique de M. de Chateaubriand. Dans les *Réflexions*[3] qu'il publiait en décembre 1814, il revenait sur cette idée. « Qui pourrait donc s'opposer, parmi nous, à la généreuse alliance de la liberté et de l'honneur? » S'il fallait chercher une ligne un peu suivie dans la conduite politique de M. de Chateaubriand, ce serait celle-là : mais combien de fois on la verrait brisée par la colère, le ressentiment et les plus chétives des passions ! [...]

L'homme politique, l'homme d'Etat supérieur est patient : il ne met pas du premier jour le marché à la main à la fortune : il attend, il se plie, il sait être le second et même le troisième avant d'arriver à être le premier. Pourvu qu'il ait son jour et qu'il en vienne à posséder enfin la réalité des choses, que lui importent quelques vanités et quelques

---

1. Cf. p. 70, note 3; 2. Il n'y a que la Iʳᵉ partie (où Chateaubriand raconte sa vie jusqu'en 1800) qui ait été composée avant 1830; 3. Les *Réflexions politiques*, réimprimées dans les *Mélanges politiques*, étaient la réponse de Chateaubriand au *Mémoire au roi*, de Carnot.

apparences d'un instant? M. de Chateaubriand, dès 1814, est impatient, et il s'étonne, il se pique que tout d'abord on ne vienne pas à lui comme à l'homme nécessaire : « J'avais été mis si fort à l'écart, dit-il, que je songeais à me retirer en Suisse. » [...] M. de Chateaubriand était ardent et pressé. [...]

Aux moments les plus critiques et les plus décisifs, il fait le désabusé et le rêveur; il se met à causer avec les corbeaux perchés sur les arbres du chemin, avec les hirondelles, avec l'abeille. C'est là le propre des poètes, et c'est aussi leur charme quand ils le font simplement, avec naturel, avec innocence; mais quand ils affectent de le faire au milieu des graves devoirs qu'ils se sont imposés par ambition, je les arrête et je les trouve en ceci très-petits et même coupables. Du moment que vous aspirez à gouverner les hommes et à devenir le pilote de la société, sachez du moins le vouloir avec suite et sérieusement. Soyez ambitieux tout de bon et à front découvert, c'est plus noble et plus estimable*(4). [...]

A Saint-Denis, au moment de rentrer à Paris, Louis XVIII l'aurait questionné sur [l']adoption de Fouché[1] [comme ministre de l'Intérieur], et Chateaubriand aurait répondu : « Sire, la chose est faite, je demande à Votre Majesté la permission de me taire. » — « Non, non, dites; vous savez comme j'ai résisté depuis Gand. » — « Sire, je ne fais qu'obéir à vos ordres; pardonnez à ma fidélité : *je crois la monarchie finie.* » Sur quoi le roi aurait répondu : « Eh bien! monsieur de Chateaubriand, je suis de votre avis. »

Je ne sais si cette conversation se passa exactement dans ces termes; mais, en les admettant pour exacts, je retrouve là encore une preuve que Chateaubriand n'était pas un véritable homme politique. Quoi! le roi le met sur la nomination de Fouché, et, au lieu de dire ses raisons, de montrer les inconvénients et les suites, d'indiquer les moyens de se passer ou de se débarrasser de ce choix funeste, il demande d'abord à se taire; puis il ne parle que pour dire : *La monarchie est finie*[2]. Il passe d'un excès à l'autre. Tout ou rien,

---

1. *Joseph Fouché, duc d'Otrante* (1759-1820), le célèbre ministre de la Police. Il avait voté la mort de Louis XVI; 2. Sainte-Beuve trahit ici le récit de Chateaubriand de manière évidente : non seulement c'est Chateaubriand qui met la conversation sur la nomination de Fouché, mais quelques jours auparavant, à Gonesse, Chateaubriand et Beugnot, en conseil, s'étaient opposés à la nomination de Fouché, et Chateaubriand dit qu'il avait donné ses raisons. *Mémoires d'outre-tombe*, IIIe partie, livre V.).

c'est sa devise. Rien de plus opposé au génie politique, lequel, au contraire, cherche à tirer le meilleur parti des situations les plus compromises, et ne jette jamais, comme on dit, le manche après la cognée*(5).

De dépit, et bien que son titre de ministre d'État lui imposât quelques devoirs de retenue, il se lança aussitôt dans l'opposition, dans celle de droite, et il y fit sa pointe. Ses écrits, ses actes de ce temps doivent s'étudier, non point selon l'interprétation posthume qu'il en a donnée, mais dans l'histoire même et aux sources. L'irritation de se voir évincé du pouvoir au moment où il avait cru le tenir, le poussa à partager et à exciter de son talent tous les excès de réaction que réclamait la Chambre de 1815. [...]

Dans toute cette partie de sa carrière (de 1815 à 1820), M. Chateaubriand fit preuve d'un grand talent d'écrivain, d'une passion incandescente, d'une assez grande habileté de tactique, et il travailla plus que personne à pousser la Restauration hors de la ligne modérée et à l'attirer dans des voies qui n'étaient nullement celles du juste-milieu. Tant que Louis XVIII vivrait, il était douteux pourtant qu'il réussît, lui et les siens, à envahir le pouvoir, lorsque l'assassinat du duc de Berry[1] vint lui mettre en main à l'improviste un argument dont il s'arma sans pitié. [...]

Arrivé au ministère où MM. de Villèle[2] et Corbière[3], jusqu'alors unanimes avec lui, l'avaient précédé, M. de Chateaubriand, durant ces dix-sept mois de pouvoir, inspira et mena à bonne fin un acte dont il ne faut exagérer ni diminuer l'importance. La guerre d'Espagne, si on daigne l'envisager dans le cadre et dans les conditions particulières de la Restauration, ne fut certainement pas une entreprise méprisable, et, sans les fautes qui se sont accumulées depuis, la monarchie en aurait ressenti les bons effets. Persuadé que le génie militaire n'est autre que le génie de la France, et se flattant d'avoir réconcilié avec lui la Restauration, M. de Chateaubriand considéra cette guerre d'Espagne comme le plus grand service qu'il pût rendre à la monarchie. Elle lui fit l'effet d'être dans sa carrière politique ce que le *Génie du christianisme* avait été dans sa carrière littéraire; il

1. Le 13 février 1820. Sa mort entraîna la chute du ministère Decazes; 2. Cf. p. 88, note 1; 3. *Jacques, comte de Corbière* (1766-1853). Brillant second de Villèle, il fut député, ministre, comte et pair en même temps que son ami et poussa la fidélité jusqu'à mourir presque à la même date que lui.

l'appelait aussi son *René* en politique, c'est-à-dire son chef-d'œuvre. Bref, il y mit une vanité d'auteur. [...] Il ne se concevait plus que comme premier ministre et président du Conseil. *On ne peut gouverner avec lui ni sans lui*, disait M. de Villèle; on prit pourtant le dernier parti, celui de gouverner sans lui, et M. de Chateaubriand fut renvoyé sans égards, le 6 juin 1824[1].

A dater de ce jour, il rentra dans l'opposition, pour n'en plus sortir qu'un moment, pendant le court ministère de M. de Martignac.

M. de Chateaubriand ne différait plus désormais des écrivains du parti libéral que par quelques phrases de pure courtoisie royaliste jetées çà et là, par quelques restes du panache blanc agités à la rencontre, et par l'éclat éblouissant du talent. [...]

Que voulait-il? Que voulait Coriolan[2]? se venger avant tout, montrer qu'il était nécessaire, qu'il était redoutable, et qu'on s'était bien fait du mal à soi-même en croyant pouvoir se passer de lui. Ce fut cette pensée de vengeance qui tout d'un coup le ramena à l'indifférence radicale sur les choses et sur les personnes, et qui dissipa, comme par enchantement, l'ivresse de son royalisme factice. [...]

Il se vengeait, non comme un homme d'État, mais comme un homme de talent blessé, et il forçait ses adversaires à se repentir. Il se plaisait à dire de la Restauration, comme Pascal de l'homme : *Je l'élève, je l'abaisse*, jusqu'à ce qu'elle comprenne... qu'elle ne pouvait se passer de moi. Lui qui affectait le christianisme, il sentait bien qu'il n'y avait rien de parfaitement chrétien dans tout cela. [...]

D'admirables pages, d'une éclatante polémique[3], quelques-unes même qui sont pleines de vérité, si on les détache de ce qui les précède et de ce qui les inspire, ne sauraient dissimuler l'ensemble des résultats. Après avoir, dans la première moitié de sa vie politique, poussé la Restauration dans le sens de l'ultra-royalisme, M. de Chateaubriand, dans la seconde moitié, l'a attaquée par un brusque *volte-face*[4] avec toutes les forces du libéralisme, groupées autour

---

1. Il s'opposait à la politique financière du gouvernement; 2. *Coriolan* : célèbre général romain. Condamné à l'exil, il vint assiéger Rome avec les Volsques et allait prendre la ville quand il céda aux prières de sa femme et de sa mère; 3. *Polémique* signifie ici « style propre aux disputes par écrit »; 4. Littré condamne l'emploi de ce mot au masculin. Sainte-Beuve le met en italique parce que c'est un terme d'escrime dont l'usage au figuré est alors récent et familier.

de lui ; et, dans ce duel où un même homme a fait le double rôle, elle a fini par se briser. Elle se fût brisée sans lui très-probablement, mais plus que personne il peut se vanter d'y avoir mis la main.

Et il s'en vante en effet. Que lui importe ? il a eu sa part, ce qu'il voulait avant tout, les plus beaux rôles, et le plaisir d'en faire fi, et de dire qu'il en aurait eu un bien plus beau encore si l'on avait voulu. Il a été à la tête de toutes les grandes questions monarchiques ou populaires de son temps ; il les a menées comme on mène volontiers les choses en ce pays de France, c'est-à-dire à côté du port et tout autrement qu'à bonne fin. Mais, encore un coup, qu'est-ce que cela lui fait ? Il s'est entendu applaudir, chaque matin, des deux côtés ; il a eu les fanfares des deux camps.

La Restauration tombée, M. de Chateaubriand, dans cet amour des beaux rôles, crut se devoir à lui-même de lui demeurer fidèle, tout en proclamant, dans l'oraison funèbre qu'il prononça sur elle à la Chambre des pairs, qu'elle s'était perdue par *la conspiration de l'hypocrisie et de la bêtise*. « Après tout, a-t-il écrit de la branche aînée, c'est une monarchie tombée ; il en tombera bien d'autres ! *Nous ne lui devions que notre fidélité : elle l'a.* » Et il n'a cessé de redoubler ses duretés, en même temps que de proclamer ses serments*(**6**). [...]

Lundi 17 avril 1854.

Chateaubriand, anniversaire du « Génie du christianisme ».

[...] Chateaubriand avait publié à Londres son *Essai sur les révolutions* en deux volumes qui n'en faisaient qu'un, un énorme in-8° de près de 700 pages ; il y avait versé toute son érudition historique juvénile, tous ses rapprochements d'imagination, toutes ses audaces de pensée, ses misanthropies ardentes et ses douleurs rêveuses ; livre rare et fécond, plein de germes, d'incohérences et de beautés, où est déjà recélé tout le Chateaubriand futur, avant l'art, mais non avant le talent*(**1**). Quand je dis qu'il y avait tout mis et tout versé de lui-même, je me trompe : il y avait des points sur lesquels il s'était montré moins explicite et moins décidé qu'il ne l'était au fond réellement. Aussi, quelques mois après avoir publié cet écrit et quand il comptait en donner une seconde édition, il avait noté de sa main en marge sur un exemplaire diverses modifications à y introduire, et, oubliant bientôt que l'exemplaire était destiné à des imprimeurs, il s'était mis à y ajouter pour lui-même en guise de commentaire ses plus secrètes pensées. Je les lis de sa main, écrites à une date qui, à quelques mois près, ne peut guère être que 1798[1]. [...] Il n'est pas malaisé d'y surprendre des particularités qui convainquent les *Mémoires d'outre-tombe* de légère inexactitude. Ainsi, dans ces derniers Mémoires, racontant sa présentation à Versailles et sa présence à l'une des chasses royales, Chateaubriand veut que dans les deux circonstances Louis XVI ne lui ait parlé qu'une seule fois pour lui dire un mot insignifiant[2] : ici, dans une note de l'*Essai*, il remarque que Louis XVI lui a parlé deux fois, et il écrit même de sa main en marge les mots très-courts que le roi lui adressa dans les deux occasions; mais ces mots, dont il ne reste que quelques lettres, ont été arrachés par un ongle irrité. Quelque royaliste fervent, en parcourant le volume, aura été blessé de les voir dans la bouche de Louis XVI soit comme trop insignifiants, soit pour toute autre raison. On n'a pas eu la même susceptibilité pour ce qui touche Dieu et les idées religieuses : sur ces points l'opinion de Chateaubriand à cette date subsiste tout entière, inscrite de sa main en marge, dans des notes aggravantes et corroboratives du texte. Y a-t-il dans le texte, en effet, ces mots qui se rapportent à l'exposé de la doctrine des Stoïciens[3] : « Dieu, la Matière, la Fatalité ne font qu'Un », Chateaubriand écrit en marge : « Voilà mon système, voilà ce que je crois. Oui, tout est chance, hasard, fatalité dans ce monde, la réputation, l'honneur, la richesse, la vertu même... » Et cette note, qui peut tenir lieu des trois ou quatre autres qui sont aussi

1. En 1848, Sainte-Beuve ne possédait pas encore cet exemplaire de l'*Essai* et n'avait pas osé utiliser les corrections de Chateaubriand. Il s'était contenté de signaler l'existence du document; 2. Louis XVI, trouvant Chateaubriand arrivé avant lui près du chevreuil abattu, lui aurait dit « avec un gros rire » : « Il n'a pas tenu longtemps. » Un peu auparavant, le jour de la présentation de Chateaubriand à la cour, nous lisons dans les *Mémoires d'outre-tombe* que Louis XVI « hésita, eut l'air de vouloir m'adresser la parole. [...] Le roi, plus embarrassé que moi, ne trouvant rien à me dire, passa outre ». (*Mémoires d'outre-tombe*, Iᵉ partie, livre IV); 3. Le stoïcisme, fondé à Athènes par Zénon (340-260 av. J.-C.), est une philosophie destinée à justifier une morale toute de soumission aux lois de la nature à peu près assimilées aux volontés de Dieu; c'est donc un panthéisme auquel le christianisme ne peut être qu'hostile.

expressives et aussi formelles sur le même sujet, finit en ces mots sinistres : « Il y a peut-être un Dieu, mais c'est le Dieu d'Épicure[1]; il est trop grand, trop heureux pour s'occuper de nos affaires, et nous sommes laissés sur ce globe à nous dévorer les uns les autres. »

Ainsi donc voilà où en était Chateaubriand à la veille du moment où il fut vivement frappé et touché, et où il conçut l'idée du *Génie du christianisme*. Revenant en souvenir sur cette époque de sa vie dans ses *Mémoires d'outre-tombe* et sur cette disposition intérieure où il était après la publication de l'*Essai*, il ne s'en rendait plus un compte bien exact quand il disait : « Je m'exagérais ma faute; l'*Essai* n'était pas un livre impie. » [...] Sans doute il y avait des contradictions dans l'*Essai*, et ces contradictions pouvaient être une porte entr'ouverte pour que l'auteur remontât par là jusqu'à la lumière, comme cela est arrivé; sans doute il se séparait, jusque dans son incrédulité, des encyclopédistes et des philosophes proprement dits[2]. [...] Toutefois, pour montrer à l'auteur qu'il ne s'exagérait pas sa faute en la confessant, comme il fit, dans la première Préface du *Génie du christianisme*, il eût suffi de lui faire repasser sous les yeux cette *profession de foi* d'incrédulité, écrite et signée par lui en confirmation des pages de l'*Essai*, cette double et triple négation directe de Dieu, de l'immortalité de l'âme, du christianisme, toutes apostasies[3] formelles que j'indique bien suffisamment et dont je supprime d'ailleurs les preuves de détail trop choquantes (*a*)⋆(2). [...]

---

a) Je puis ici, dans cette réimpression en volume, et sans inconvénient pour des lecteurs réfléchis, constater plus au long par des textes ces trois sortes de reniements :

1º Celui du Dieu-Providence. C'est à la page 516 de la première édition de l'*Essai* (Londres, 1797) qu'en regard de ces mots du texte imprimé : « Dieu, la Matière, la Fatalité, ne font qu'Un », Chateaubriand écrit en marge : « Voilà mon système, voilà ce que je crois. Oui, tout est chance, hasard, fatalité dans ce monde, la réputation, l'honneur, la richesse, la vertu même : et comment croire qu'un Dieu intelligent nous conduit ? Voyez les fripons en

---

1. *Epicure* est le fondateur de l'autre grande morale antique. La doctrine d'Épicure, telle qu'elle est exposée par le poète latin Lucrèce, revient pratiquement à un athéisme; 2. Voltaire, Diderot, d'Alembert, etc. Au XVIIIᵉ siècle, le nom de « philosophes » désigne les encyclopédistes. Chateaubriand, au temps de l'*Essai*, pensait que la religion est le fondement nécessaire de la morale pour le peuple; 3. *Apostasie :* abandon de la foi chrétienne.

A cette première époque de Londres et avant la gloire, Chateaubriand avait encore en lui une simplicité et une sensibilité qui le montrent comme l'un de nous tous, comme un homme de la vie commune et naturelle, plus égaré seulement, plus rêveur, plus facile à effaroucher et à rejeter dans les bois*(3).

C'est alors que, par un concours de circonstances qu'il ne nous a expliqué qu'à demi, éclata tout d'un coup en lui une explosion de sentiments dont on a peine à se faire idée. La mort de sa mère, la lettre de sa sœur[1] en furent l'occasion déterminante : il est à croire que les reproches et les plaintes de sa mère mourante portaient moins encore sur des écrits

place, la fortune allant au scélérat, l'honnête homme volé, assassiné, méprisé. Il y a peut-être un Dieu, mais c'est le Dieu d'Épicure; il est trop grand, trop heureux pour s'occuper de nos affaires, et nous sommes laissés sur ce globe à nous dévorer les uns les autres. »

2° Le reniement de l'immortalité de l'âme. C'est à la page 569 de l'*Essai* (édition susdite), en regard de ces mots du texte imprimé : « Pardonne à ma faiblesse, Père des miséricordes ! non, je ne doute point de ton existence; et soit que tu m'aies destiné une carrière immortelle, soit que je doive seulement passer et mourir, j'adore tes décrets en silence, et ton insecte confesse ta divinité »; c'est à côté de ces mots que Chateaubriand écrit en marge : « Quelquefois je suis tenté de croire à l'immortalité de l'âme, mais ensuite la raison m'empêche de l'admettre. D'ailleurs pourquoi désirerais-je l'immortalité ? il paraît qu'il y a des peines mentales totalement séparées de celles du corps, comme la douleur que nous sentons à la perte d'un ami, etc. Or si l'âme souffre par elle-même indépendamment du corps, il est à croire qu'elle pourra souffrir également dans une autre vie; conséquemment l'autre monde ne vaut pas mieux que celui-ci. Ne désirons donc point survivre à nos cendres : mourons tout entiers, de peur de souffrir ailleurs. Cette vie-ci doit corriger de la manie d'*être*. »

3° Enfin le reniement du christianisme. A côté de ces mots du texte imprimé (page 609) : « Dieu, répondez-vous, vous a fait libre. Ce n'est pas là la question. A-t-il prévu que je tomberais, que je serais à jamais malheureux ? Oui, indubitablement. Eh bien! votre Dieu n'est plus qu'un tyran horrible et absurde »; tout à côté de ces mots imprimés Chateaubriand ajoutait de sa main : « Cette objection est insoluble et renverse de fond en comble le système chrétien. Au reste, personne n'y croit plus. »

On a maintenant sondé tout l'abîme et touché le fond de son incrédulité.

1. Cf. pp. 41 sqq.

de son fils qu'elle avait peu lus et dont l'écho avait dû parvenir difficilement jusqu'à elle, que sur quelques autres égarements, peut-être sur quelque passion fatale qu'il n'est permis que d'entrevoir¹. [...]

Il ne serait pas impossible peut-être, dans une étude suivie sur Chateaubriand, de noter avec la même précision la date de quelques-uns de ses autres revirements, et celle par exemple, de sa prochaine rechute épicurienne; mais ce serait sortir aujourd'hui de notre objet, tout honorable à sa mémoire. Qu'il nous suffise d'avoir reconnu et, en quelque sorte, surpris sa sincérité, là seulement où nous avons droit de l'interroger et de l'atteindre, — sa sincérité, je ne dis pas de fidèle (cet ordre supérieur et intime nous échappe), mais sa sincérité d'artiste et d'écrivain*(4). La lettre à M. de Fontanes², écrite dans le feu de la composition du *Génie du christianisme*, est évidemment celle d'un homme qui croit d'une certaine manière, qui prie, qui pleure, — d'un homme qui *s'est mis à genoux* auparavant et après, pour parler le langage de Pascal. [...]

C'est une grande gloire pour un écrivain que, cinquante-deux ans après la publication d'un de ses ouvrages, il soit possible d'en parler ainsi, dans le même journal qui l'avait annoncé le premier jour, et que, loin de sembler un hors-d'œuvre, cette attention ramenée de si loin puisse paraître encore un à-propos. Pour moi, je m'estime heureux d'avoir pu (à deux ans près de retard) célébrer à ma manière ce que j'appelle le Jubilé du *Génie du christianisme*.

1. Allusion à l'affaire du mariage de Chateaubriand telle que Sainte-Beuve croyait l'expliquer (cf. p. 80); 2. Sainte-Beuve reproduit ici la lettre dont on trouvera des fragments p. 42.

JUGEMENTS SUR

« CHATEAUBRIAND ET SON GROUPE LITTÉRAIRE »

Sainte-Beuve distingue dans Chateaubriand trois éléments qu'il déclare mettre tous trois « sur la même ligne : la rêverie ou *l'ennui* » ; le désir « au sens épicurien », et *l'honneur* ; et la plupart des critiques ont repris et développé le même thème, quelques-uns simplifiant encore et donnant la prédominance à tel ou tel des divers éléments distingués par Sainte-Beuve. [...] Pour ma part, je reprendrais volontiers les analyses de Sainte-Beuve, mais en les précisant un peu, et en essayant de graduer les éléments psychologiques qu'il a si finement démêlés.

Victor Giraud,
Nouvelles Études sur Chateaubriand, Paris, 1912,
pp. 23-24 en note.

Y ayant regardé de fort près, et [...] ayant même, jadis, trop docilement accueilli les habiles — et perfides — insinuations de Sainte-Beuve, j'ai fini par trouver bien peu sérieuses les raisons qu'on faisait valoir pour justifier la thèse de l'insincérité, et il m'a paru que cette thèse avait contre elle les textes les plus formels, les témoignages les plus décisifs, et la vraisemblance psychologique la plus entière.

Ibidem, pp. 108-109 en note.

Quand on lit la merveilleuse étude qu'a consacrée Sainte-Beuve au personnage désenchanté que ses amis appelaient l'enchanteur, on est tout étonné de trouver, dès 1848, un homme qui a déjà, si longtemps avant nous, parcouru, en se jouant, tout ce chemin que nous avons fait difficilement pour arriver à une conception non apologique d'un Chateaubriand enfin découronné de ses vains prestiges mondains et religieux. [...]

Chateaubriand et son groupe littéraire est égal à ce grand sujet, vivant comme un roman; on croit assister à un corps à corps entre le biographe et cette ombre; c'est la description mouvementée, batailleuse, d'une époque révolue; c'est plus encore une reddition de comptes, le bilan d'une époque, la romantique; Sainte-Beuve la clôt, en ouvrant par son livre le plus réaliste l'ère du réalisme. Ce n'est pas un de ces livres avec lesquels on en a terminé après l'avoir lu; il continue à rester ouvert sur l'extraordinaire personnalité de Chateaubriand, comme deux yeux que l'on n'arrivera jamais à détourner de lui. Terribles yeux, ces yeux du lucide Sainte-Beuve, puisqu'ils sont devenus nos yeux.

Maxime Leroy,
la Politique de Sainte-Beuve, Paris, 1941,
pp. 219, 220 et 221.

Sainte-Beuve reproche à Chateaubriand de ne pas toujours faire concorder le fond de sa pensée avec son attitude; son attitude, d'ailleurs, n'est pas toujours composée; il y entre parfois une sorte de délire, une espèce d'illusion romanesque. Et le mot *procédé*, qui est de la littérature, s'accroche ici au mot *attitude*, qui est de la morale [...].

Grave reproche, puisque Sainte-Beuve écrit ici le mot décadence pour définir ce contraste entre ce que l'on dit et ce que l'on fait, cette désharmonie entre ce que l'on a décidé de faire et ce que l'on fait entendre.

Ibidem, p. 235.

QUESTIONS SUR
« CHATEAUBRIAND ET SON GROUPE LITTÉRAIRE »

CHATEAUBRIAND DANS LES « PORTRAITS CONTEMPORAINS ».
(pp. 13 et 14).

1. Comparez cet historique des relations de Sainte-Beuve avec Chateaubriand avec ce qu'il en dit dans la Préface à *Chateaubriand et son groupe littéraire* et dans l'article nécrologique sur Mme Récamier.

CHATEAUBRIAND DANS
« CHATEAUBRIAND ET SON GROUPE LITTÉRAIRE SOUS L'EMPIRE ».

Préface de 1849 (pp. 15 à 17).

1. En somme, quel est l'événement qui permet à Sainte-Beuve, en septembre 1849, d'envisager l'impression à Paris de ce qu'il pouvait seulement dire à Liège en 1848? (La publication n'aura lieu en réalité qu'en 1861.)

Discours d'ouverture (pp. 17 à 20).

1. Comparez cette page à ce que Sainte-Beuve dit de la critique des contemporains dans les *Causeries du lundi* (« Classiques Larousse », Extraits, Ier vol., pp. 66 à 68).

2. Relevez dans ce paragraphe toutes les expressions qui laissent entendre que le XIXe siècle n'a pas en réalité mis fin à la décadence de la langue.

3. A qui peut penser Sainte-Beuve dans cette fin de paragraphe?

4. Sainte-Beuve reçut-il un accueil enthousiaste en Belgique? Peut-on voir un reflet de cet accueil ici?

5. Cette défense de la poésie vous paraît-elle la meilleure qu'on puisse imaginer?

Première leçon (pp. 20 à 24).

1. Cherchez dans ces paragraphes toutes les expressions qui marquent une réticence dans l'éloge.

2. Sans nier que le XVIIIe siècle ait ignoré les bouleversements, ne pourrait-on lui trouver des sujets d'inquiétude plus grands que ceux qu'indique Sainte-Beuve en note?

3. L'humanité troublée est-elle moins intéressante que l'humanité en repos?

4. Quel intérêt a Sainte-Beuve à insister sur le rôle d'un public éclairé et de la critique dans l'élaboration des grandes œuvres?

Deuxième leçon (pp. 24 à 27).

1. Montrez comment tout cela se tient et s'oppose exactement : puissance et bon goût, génie et critique.

2. Si l'on en croit Sainte-Beuve, Chateaubriand est-il le véritable auteur du *Génie du christianisme*?

Troisième leçon (pp. 27 à 33).

1. Pourquoi Sainte-Beuve pense-t-il que la « littérature » dégrade la pureté des sentiments ?

2. Il ne faut pas oublier, quand on lit ce jugement sévère sur l'ennui de René, que Sainte-Beuve en a été atteint autant que quiconque. S'en douterait-on devant ce paragraphe ?

3. Ce paragraphe n'est-il pas entortillé ? La pudibonderie de Sainte-Beuve n'en est-elle pas responsable ?

4. Ce paragraphe dont on attendrait qu'il soit purement élogieux l'est-il jusqu'au bout ?

5. Est-ce le critique ou le moraliste qui parle ?

6. La soif de vérité de Sainte-Beuve et la comédie littéraire.

Quatrième leçon (pp. 34 et 35).

1. Montrez comment Sainte-Beuve sait dégager l'originalité d'un auteur.

Cinquième leçon (pp. 35 à 38).

1. Sainte-Beuve aime-t-il la « littérature » ?

2. Expliquez le jeu de mots sur *vieil homme.*

3. Cherchez d'autres passages où Sainte-Beuve nous présente un Chateaubriand familier.

Sixième leçon (pp. 38 à 43).

1. Ce Chateaubriand, véritable selon Sainte-Beuve, est-il anti-pathique ?

2. Chateaubriand est-il responsable de cette comédie ? Ne faut-il pas en chercher les raisons dans l'état social de la France d'alors ?

3. Ce beau passage ne contient-il pas en germe la définition d'une poésie qui n'est pas celle de nos romantiques et qu'on retrouve dans les poèmes de Sainte-Beuve ?

4. Lisez attentivement le commentaire de Sainte-Beuve à la lettre de Chateaubriand et surtout les notes. Bien qu'il affirme que Chateaubriand était sincère, Sainte-Beuve ne reprend-il pas en détail ce qu'il vient d'accorder ?

Septième leçon (pp. 43 à 49).

1. Tout le sel de cette page n'est-il pas dans les notes, celle-ci et la note sur le *post-scriptum* de Mme de Staël ? Notez l'insistance de Sainte-Beuve sur la comédie littéraire.

2. Analysez l'humour de Sainte-Beuve.

3. Notez que Sainte-Beuve présente Chateaubriand comme un peintre. Comparez-le avec les peintres de l'Empire : David, Prud'hon, Girodet, etc., comme il nous y invite plus bas.

4. La solution de Sainte-Beuve est-elle nette et claire ? Ne retrouve-t-on pas ici la timidité de Sainte-Beuve devant les solutions radicales ?

5. Comparez avec le souci d'exactitude des paysagistes français du milieu du siècle, Rousseau, Millet, Daubigny.

Huitième leçon (pp. 49 et 50).

1. Tout ne revient-il pas à blâmer Chateaubriand de trop d'artifice ?

2. Ce passage est-il important ? Ne peut-on retrouver ailleurs sous la plume de Sainte-Beuve, à propos de Chateaubriand ou d'un autre, ce mélange de réticences de détail et d'admiration involontaire ?

Neuvième leçon (pp. 50 à 53).

1. Que pensez-vous de cette méthode critique ? Elle sauvegarde la fraîcheur, mais c'est la porte dangereusement ouverte à la critique « impressionniste ».

2. Depuis : « Est-il besoin d'indiquer... » voilà un passage purement élogieux. Cherchez-en d'autres et faites-en une sorte d'anthologie.

Dixième leçon (pp. 53 et 54).

1. Si l'on sait que pour Sainte-Beuve la décadence de la prose commence avec Jean-Jacques Rousseau, quel est l'idéal à ses yeux ?

Onzième leçon (pp. 54 à 57).

1. Relevez les passages où Sainte-Beuve nous présente Chateaubriand comme un homme chanceux ou comme un astucieux exploitant de l'à-propos.

2. Cette phrase n'est-elle pas en contradiction avec toutes les aspirations de Sainte-Beuve ?

3. Pour comprendre tout cela, lisez une page d'un écrivain janséniste, Jean Hamon, par exemple.

4. Gros public et public choisi. Auquel vont les préférences de Sainte-Beuve ?

5. Relevez dans tout ce passage les expressions qui font de Chateaubriand un histrion.

6. Montrez comment, dans cette page particulièrement hostile, Sainte-Beuve passe insensiblement sur le plan politique.

Douzième leçon (pp. 57 et 58).

1. Sainte-Beuve, malgré son scepticisme, est-il bon juge en matière d'orthodoxie ?

2. Pourquoi Sainte-Beuve fait-il l'éloge de cette critique « intestine » ?

Quatorzième leçon (pp. 59 à 62).

1. Toutes ces critiques tombent-elles juste ?

2. Ce passage est-il bien clair ? Qu'est-ce qu'un mal du siècle qui ne tirerait pas son origine du désaccord de la pensée et de l'imagination ? Sainte-Beuve n'est-il pas contraint de dire que même Obermann est tiraillé ?

3. Montrez qu'il y a ici une transition vers un Chateaubriand gai et bon enfant.

Quinzième leçon (p. 62).

1. Cherchez dans d'autres passages des éloges de *René*.

Dix-septième leçon (pp. 63 et 64).

1. Du *Dernier Abencérage* ou des *Martyrs*, que lisons-nous le plus volontiers aujourd'hui ?

2. N'est-ce pas là la raison qui rend *les Martyrs* quasi illisibles ?

3. Étant donné ce que vous savez de Sainte-Beuve, où vont ses préférences, vers le document spontané ? ou vers la description élaborée ?

Dix-huitième leçon (pp. 64 à 68).

1. La raison vous paraît-elle bonne ? Le remords ne pourrait-il au contraire donner un ragoût au récit ?

2. Les attitudes sculpturales dans l'art du premier Empire. S'attendrait-on à ce que Sainte-Beuve condamne ces « poses » ?

3. Montrez l'importance d'un passage comme celui-ci. Il justifie le titre du cours.

Dix-neuvième leçon (p. 68).

1. Cherchez d'autres passages où Sainte-Beuve essaie de mettre Chateaubriand au rang qu'il mérite. Comparez-les entre eux.

Vingtième leçon (pp. 68 à 71).

1. Vérifiez tout ceci en lisant vous-même l'*Itinéraire*.

2. Montrez comment, sous la plume de Sainte-Beuve, le mot « artiste » contient un éloge et un blâme.

3. Mettez dès maintenant au net, par une rédaction d'une demi-page, le portrait de Chateaubriand selon Sainte-Beuve.

4. Ce jugement sur *le Dernier Abencérage* n'est-il pas trop sévère ? Que répondriez-vous à Sainte-Beuve ?

Vingt et unième leçon (pp. 71 à 76).

1. Appliquez tout ceci à Sainte-Beuve lui-même. A-t-il été l'ami qui conseille ? le critique qui guide le goût du public ? a-t-il beaucoup parlé des écrivains classiques ?

2. Tout ce passage n'est-il pas un peu stylisé, et Sainte-Beuve n'arrange-t-il pas d'harmonieux tableaux, après l'avoir reproché à Chateaubriand ?

3. Montrez que ce passage contient une des raisons pour lesquelles Sainte-Beuve s'est intéressé à Chateaubriand.

4. Relevez d'autres confidences dans *Chateaubriand et son groupe littéraire*. Sainte-Beuve est-il satisfait de sa vie ?

Chateaubriana (pp. 76 à 83).

1. L'hypocrisie littéraire. Cherchez dans le Cours, surtout dans les notes de Sainte-Beuve, d'autres exemples de ces *a parte* qui contredisent les déclarations publiques.

2. En 1836, Sainte-Beuve est-il hostile à Chateaubriand ?

3. Relevez d'autres passages qui prouvent que Sainte-Beuve s'est livré à une enquête sérieuse sur Chateaubriand. Qu'est-ce qui intéresse surtout le critique dans l'auteur de *René* ?

4. Est-ce seulement par politesse que Sainte-Beuve dit à Hortense Allart que c'est en sa compagnie que Chateaubriand était lui-même ?

5. Cherchez dans le cours de Liège des allusions à cette histoire. N'était-il pas hasardé d'expliquer le chagrin de la mère de Chateaubriand par cette farce, en admettant qu'elle fût vraie ?

6. Que pensez-vous de ce genre de recherche sur les grands hommes ? Est-il vrai qu'un poète pressé d'argent n'écrira pas le même ouvrage qu'un poète riche ? En revanche, ne risque-t-on pas de laisser échapper ainsi le meilleur du poème ?

7. Le bourgeois Sainte-Beuve et le comte de Chateaubriand.

CHATEAUBRIAND DANS LES « CAUSERIES DU LUNDI ».

Mme *Récamier* (pp. 84 à 86).

1. Sainte-Beuve géographe de la république des Lettres.

2. Que signifie précisément ce paragraphe ?

« *Mémoires d'outre-tombe* », *par M. de Chateaubriand* (pp. 86 à 93).

1. D'après vous, faut-il croire Sainte-Beuve lorsqu'il dit qu'il n'a jamais varié sur Chateaubriand et que, s'il en a paru enthousiaste jadis, c'était par déférence pour Mme Récamier ?

2. Est-ce la thèse de *Chateaubriand et son groupe littéraire* que nous retrouvons ici : Chateaubriand est un grand artiste, mais un homme peu aimable ?

3. Sainte-Beuve ne vous paraît-il pas plus sévère ici que dans le cours de Liège ? Si oui, comment vous expliquez-vous ce durcissement ?

4. Ne devons-nous pas nous méfier de ce que Sainte-Beuve dit ici ? N'a-t-il pas intérêt à affirmer que Chateaubriand a gâté ses *Mémoires* après 1834 ?

5. N'est-ce pas l'aveu que Sainte-Beuve avait aimé les *Mémoires d'outre-tombe* en 1834 ?

6. Voir le même reproche adressé par Sainte-Beuve aux *Confidences* de Lamartine dans les *Causeries du lundi*.

7. Montrez que c'est ici un des exposés les plus nets de la thèse de Sainte-Beuve sur Chateaubriand : païen profondément, chrétien superficiellement. Est-ce sans réplique ? Le « mal du siècle » ne peut-il être considéré comme une perversion de la sensibilité chrétienne ?

8. Trouvez-vous dans l'œuvre de Sainte-Beuve un passage plus sévère contre Chateaubriand ?

9. Ce mot ou des équivalents (disparate, etc.) vient-il souvent sous la plume de Sainte-Beuve parlant des *Mémoires d'outre-tombe* ?

« *Mémoires d'outre-tombe* », *par M. de Chateaubriand*.
Le Chateaubriand romanesque et amoureux (pp. 93 à 102).

1. L'idée de Sainte-Beuve est la suivante : lorsqu'on a écrit *René*, des *Mémoires* n'ont d'intérêt que s'ils révèlent toute la vérité. Est-ce un reproche grave ? Comment se fait-il que nous lisions toujours les *Mémoires d'outre-tombe* ?

2. Comparez ce passage avec le passage correspondant du Cours. Montrez qu'il y a eu un fait nouveau dans l'intervalle, et que par ailleurs Sainte-Beuve a mis au point sa pensée.

3. N'y a-t-il pas ici un véritable contresens de Sainte-Beuve? Quels qu'aient été les péchés de jeunesse de Chateaubriand, la sylphide dont il rêve sur l'étang de Combourg représente autre chose.

4. La note qui accompagne ce paragraphe a-t-elle été ajoutée après coup pour fournir une précision ou contient-elle l'essentiel d'une idée que Sainte-Beuve n'osait exprimer directement?

5. Sainte-Beuve bon apôtre. Cela vous étonne-t-il?

6. Reprenez toute cette belle analyse du « mal du siècle », depuis « Ce que voulait M. de Chateaubriand dans l'amour... ». « Le songe éternel », le goût de la mort, l'orgueil, le christianisme perverti et le satanisme, l'universelle destruction. Reste-t-il quelque chose à ajouter?

7. Par qui Sainte-Beuve sait-il tout cela? Est-ce un Chateaubriand antipathique que celui qui nous est présenté ici?

8. Dans cette fin d'article, Sainte-Beuve choisit-il entre les deux Chateaubriand qu'il nous présente, René et l'amant d'Hortense Allart? A-t-il raison de ne pas le faire?

Chateaubriand homme d'Etat et politique (pp. 102 à 109).

1. Le hasard, les occasions, tiennent-ils une grande place dans les explications de Sainte-Beuve?

2. Le poète-mage tel que l'ont conçu les romantiques est-il si loin de l'homme politique? Le passage de l'un à l'autre n'est-il pas facile?

3. Y avait-il un terrain d'entente après 1830 entre les légitimistes comme Chateaubriand et les républicains comme Carrel? Que pensent-ils de la morale des intérêts?

4. Cette désinvolture de Chateaubriand n'explique-t-elle pas l'hostilité qu'il a rencontrée dans son propre parti?

5. Est-il fréquent de trouver Sainte-Beuve en flagrant délit de mauvaise foi, comme ici?

6. Dans ces trois derniers paragraphes, vous trouverez un mot répété qui prouve que Sainte-Beuve voit en Chateaubriand l'homme politique comme il voyait l'écrivain. Quel est ce mot?

Chateaubriand. Anniversaire du « Génie du christianisme » (pp. 109 à 113).

1. Comparez ce jugement sur l'*Essai sur les révolutions* avec celui des pages 36 et 37.

2. Sainte-Beuve et les documents intimes.

3. L'homme qui est vrai, et l'auteur qui est factice.

4. Expliquez le mécanisme des insinuations malveillantes de Sainte-Beuve d'après ce début de paragraphe. Cherchez-en d'autres exemples.

SUJETS DE DEVOIRS

Narrations :

— Dans une lettre à un ami ou à sa famille, un étudiant de Liège en 1848-1849 donne un aperçu d'un des cours de M. Sainte-Beuve sur Chateaubriand (vous choisirez telle leçon qui vous paraît des plus intéressantes). Petit portrait de Sainte-Beuve, il a la voix faible et ne parle pas très bien. Résumé de la leçon. Critiques si vous le jugez bon. En tout cas, éloge du maître.

— Mᵐᵉ Récamier, ayant eu vent des critiques que Sainte-Beuve mêlait aux éloges dans son cours, lui écrit pour prendre la défense de l'« enchanteur ».

Dissertations :

— Le « mal du siècle », tel qu'on le trouve chez Chateaubriand, est-il la lutte de l'imagination et de la raison ou une perversion de la sensibilité chrétienne?

— Sainte-Beuve vous paraît-il impartial envers Chateaubriand, ou trop sévère?

— Sainte-Beuve est-il encore romantique en 1848?

— Que veut dire Sainte-Beuve lorsqu'il écrit que le « mal du siècle » n'est plus à la mode et que la lecture de *René* n'offre plus de danger?

TABLE DES MATIÈRES

————

————

IMPRIMERIE LAROUSSE
1 à 9, rue d'Arcueil, Montrouge (Seine)
Août 1953 — Dépôt légal 1953-3e — Nº 651.
Nº de série Editeur 553
IMPRIMÉ EN FRANCE (*Printed in France*)
290-8-1953.

LES DICTIONNAIRES
LAROUSSE

Les plus estimés, les plus répandus, les plus sûrs. Conçus pour tous les niveaux de culture, toutes les bourses, tous les âges.

NOUVEAU PETIT LAROUSSE ILLUSTRÉ

L'essentiel de la langue française et du savoir humain en un seul volume. 1 800 pages (13,5 × 20 cm), 4 130 illustrations en noir, 44 hors-texte en couleurs et en noir, 150 cartes, 28 hors-texte cartographiques en couleurs. Une grammaire condensée en 17 pages, des tableaux synoptiques de l'Histoire du Monde. *Le même sur papier bible, sous présentation de luxe, tête dorée.*

NOUVEAU LAROUSSE UNIVERSEL

Deux volumes. Plus de 2 000 pages (21 × 30 cm). Le dictionnaire du « juste milieu ». 68 673 articles, des milliers de gravures, de planches en noir et en couleurs. 265 reproductions des chefs-d'œuvre de l'Art.

LAROUSSE DU XXᵉ SIÈCLE

en six volumes. Le grand dictionnaire encyclopédique de notre temps. L'équivalent d'une bibliothèque de 400 volumes. 6 680 pages, 236 000 articles, 46 641 gravures, 505 cartes et 454 hors-texte en noir et en couleurs.
Le *Larousse du XXᵉ siècle* est constamment tenu au courant de l'actualité.

Par la qualité de leur papier et de leurs reliures, les dictionnaires Larousse sont des livres qui durent.

Quelques livres conseillés aux
étudiants et à tous ceux qui
désirent approfondir leur savoir.

DICTIONNAIRE D'ANCIEN FRANÇAIS

par R. Grandsaignes d'Hauterive. La clef nécessaire des chefs-d'œuvre du Moyen Age et de
la Renaissance.
604 pages (13,5 × 20 cm). Relié.

DICTIONNAIRE DES RACINES
DES LANGUES EUROPÉENNES

par R. Grandsaignes d'Hauterive. Apprendre
plusieurs langues à la fois, par la connaissance
de leur source commune...
372 pages (13,5 × 20 cm). Relié.

DICTIONNAIRE DES SYNONYMES
DE LA LANGUE FRANÇAISE
(ouvrage couronné par l'Académie française)

par R. Bailly. Entre deux mots voisins, choisir
celui qui correspond le mieux à sa pensée...
626 pages (13,5 × 20 cm). Relié.

DICTIONNAIRE DES NOMS DE FAMILLE
ET DES PRÉNOMS DE FRANCE

par A. Dauzat. Trente mille noms « traduits »
et expliqués.
640 pages (13,5 × 20 cm). Relié.

CLASSIQUES LAROUSSE

Pour enrichir, à peu de frais, sa bibliothèque
des chefs-d'œuvre de notre langue. Deux cents
titres, des illustrations, d'utiles commentaires.
(11 × 17 cm). Broché.

ANTHOLOGIE DES POÈTES FRANÇAIS

par F. Duviard. 3 volumes parus : *XVe et
XVIe siècles — XVIIe siècle — XVIIIe siècle*.
Chaque volume (11 × 17 cm), 8 hors-texte.
Broché. Le *XIXe* siècle est en préparation.

DEMANDEZ LES CATALOGUES LAROUSSE

L'essentiel des connaissances de notre temps présenté dans l'ordre méthodique.

MÉMENTO LAROUSSE

Le pendant des dictionnaires en un volume.

Vingt-cinq ouvrages en un seul. Un volume de 944 pages (13,5 × 20 cm), illustré d'un grand nombre de cartes, cartons, gravures, tableaux, etc. 18 hors-texte en couleurs.

Aperçu des matières : Droit usuel — Grammaire — Littérature — Histoire — Géographie — Mathématiques — Physique — Chimie — Histoire naturelle — Comptabilité Dessin — Musique, etc.

GRAND MÉMENTO
ENCYCLOPÉDIQUE LAROUSSE

Le pendant des grands dictionnaires.

Deux forts volumes (21 × 30 cm), renfermant un ensemble de grands traités sur toutes les branches du savoir humain. Un ouvrage utile aux étudiants comme à toute personne soucieuse d'entretenir sa culture.

Près de 2 200 pages, 6 410 gravures et cartes dans le texte, 126 planches hors texte, dont 41 en couleurs. Relié.

Larousse donne le plaisir de tout savoir sans la peine de tout apprendre.

LITTÉRATURE FRANÇAISE

EN DEUX VOLUMES (21 × 30 cm)

publiée sous la direction de J. Bédier et P. Hazard, de l'Académie française. Nouvelle édition refondue et augmentée par P. Martino.

Cette nouvelle édition de la célèbre *Littérature française* de Bédier et Hazard se présente avec toutes les garanties de la recherche scientifique la plus consciencieuse et la plus actuelle. Elle accorde au mouvement littéraire contemporain la place qui doit lui revenir.

Ces deux ouvrages forment de plus, par leurs centaines d'illustrations en noir et en couleurs, une magnifique « littérature française en images ».

Tome Ier (Moyen âge, XVIe et XVIIe siècle), 490 pages, 565 héliogravures et 6 planches en couleurs.

Tome second (XVIIIe, XIXe siècles, époque contemporaine), 512 pages, 542 héliogravures, 6 planches en couleurs. Index alphabétique de 4 000 noms.

Reliure éditeur et amateur de luxe.

COLLECTION IN-4° LAROUSSE